기대합니다 성령님

기대합니다 성령님

손기철

규장

내 삶의 빛과 그림자로 평생 동역하게 된
사랑하는 아내 윤현숙 목사에게 이 책을 헌정하며,
그 일을 행하신 하나님께 무한한 영광을 올려드립니다.

프롤로그

하나님만을 기대하라!

세상의 기대와 동경을 저버린 그리스도인

세상 사람에게는 그리스도인에 대한 기대감이 있는 것 같습니다. 아니, 과거에는 분명 그런 기대감이 있었던 것 같습니다. 그리스도인은 뭔가 다를 거라는, 혹은 뭔가 달라야 한다는 그런 기대감 말입니다. 비록 자신은 온전하게, 바르게 살지 못해도 누군가 자신과는 다르게, 올바르게 사는 모습을 통해 인간에 대한 소망을 보고자 하는 것입니다. 즉, 그리스도인들을 통해서 타락한 자신이 살지 못하는 삶, 이루지 못한 꿈을 보고자 한 것입니다.

또 한편으로 그들은 자신이 자각하든 그렇지 않든 간에 늘 진리를 찾아 헤매고 은혜와 사랑에 목말라 합니다. 그래서 그리스도인을 통해서 은혜의 삶을 경험하기 원하고 무조건적인 사랑을 체험하기 원한 것입니다.

그러나 너희는 택하신 족속이요 왕 같은 제사장들이요 거룩한

나라요 그의 소유가 된 백성이니 이는 너희를 어두운 데서 불러
내어 그의 기이한 빛에 들어가게 하신 이의 아름다운 덕을 선포
하게 하려 하심이라 벧전 2:9

그런 기대감 속에서 그리스도인들을 비난하기도 하고 비판도 했지만, 속으로는 여전히 '역시 그들은 우리와는 무언가 달라' 하는 마음이 있었던 것 같습니다. 적어도 하나님을 믿는 사람들이 말하는 복음과 그 복음의 은혜를 누리는 자들이 보여주는 삶에 대한 동경심이 있었습니다. 그러나 안타깝게도 지금은 그들의 그런 기대감이 마침내 배신감과 미움으로 변해버린 것 같습니다.

그러나 세상의 기대 그 이상의 삶

기도하면 할수록 우리에게 진정으로 회복되어야 할 것이 바로 '거룩함'(holiness)이라는 것을 깨닫습니다. 거룩한 삶은 단지 죄와 세상으로부터의 분리뿐만이 아니라, 하나님을 향한 헌신이 포함되어야 합니다.

단지 '분리된 삶'이라면 세상과의 단절을 일으키며 세상에 아무런 영향력도 미치지 못하게 됩니다. 결국, 교회가 커질수록 세상으로부

터 비난을 받게 됩니다. 또 단지 '헌신된 삶'이기만 하다면 그리스도의 성품이 나타나지 않는 사역과 결과 중심적 행동으로 말미암아 세상적인 일로 변해버려 그 역시 세상으로부터 비난을 받게 됩니다. 우리는 어느 쪽으로도 치우치지 말고 양쪽 모두 균형 잡힌 거룩한 삶을 살아야 합니다.

하나님의 말씀과 기도로 거룩하여짐이라 딤전 4:5

주님의 성품 가운데서 주님의 뜻을 이루는 삶이 바로 하나님나라를 이루는 삶입니다. 예수님께서는 바로 교회를 통하여 이 일을 행하시도록 하셨습니다. 그렇지만 오늘날 그리스도인들과 교회의 가장 큰 문제는 세상 사람들이 가지고 있는 교회와 신자들에 대한 부정적인 평가와 세상의 죄를 이기지 못하는 교회와 그리스도인 자체의 무능력입니다.

지금 세상은 점점 더 악해져가고 있습니다. 자살률, 낙태율, 이혼율, 술 소비량과 흡연율, 음란과 인터넷 중독, 악한 문화, 이념중심주의, 집단이기주의, 이단의 급증 등 어두운 세력들이 온 땅을 뒤덮고 있습니다. 이런 추세는 과학이 발달하면 할수록, 이성이 중요하게 여겨지면 그럴수록, 물질이 풍요하면 할수록 더욱 그럴 것입니다.

왜냐하면 하나님이 과학보다, 하나님이 이성보다, 하나님이 물질보다 훨씬 더 중요하고, 하나님께서 그 모든 것을 주신 분이라는 사실을 우리가 보여주지 못하고 있기 때문입니다.

주님 없이 아무 일도 할 수 없다

지금까지 쓴 《왕의 기도》, 《기름부으심》, 《기적을 일으키는 믿음》, 《치유기도》는 개인적인 영적 성숙과 영적 전쟁을 위한 무장에 대한 훈련편인 반면 《기대합니다 성령님》은 이 땅에서 승리하는 삶을 살아가는 실전편이라고 할 수 있습니다. 이 땅에서 승리하는 유일한 길은 오직 주님과 생명적 관계를 유지하는 것입니다. 주님 없이는 할 수 있는 일이 없어야 하는데 주님 없이도 잘하는 일이 너무 많은 것이 문제가 됩니다. 나는 이 책에서 주님의 삶을 살기 위해서 자신을 포기하고 버리는 삶이 무엇인지를 보여주고자 합니다.

> 나는 포도나무요 너희는 가지라 그가 내 안에, 내가 그 안에 거하면 사람이 열매를 많이 맺나니 나를 떠나서는 너희가 아무것도 할 수 없음이라 요 15:5

나는 전작 《고맙습니다 성령님》을 통하여 그리스도인이 된 과정과 율법적인 신앙생활에서 벗어나 어떻게 성령님을 만나고 그분과 교제하는가에 대해서 말씀드렸습니다. 이 책 《기대합니다 성령님》은 그 후속편이라고 볼 수 있습니다. 《고맙습니다 성령님》이 출간된 이후 지금까지 성령님의 인도하심에 따라 주님의 뜻을 이루어가는 과정,

헤븐리터치 미니스트리(HTM) 스태프들과 함께한 삶의 여정을 다루었습니다. 이를테면 《고맙습니다 성령님》이 출애굽에서부터 요단강을 건너기까지의 여정이라면, 《기대합니다 성령님》은 가나안 땅에서 전쟁을 통하여 하나님이 주신 땅을 정복해나가는 것과 같습니다.

이 책은 "어떻게 구원을 받는가?"에 대한 것이 아니라 "구원 받은 성도가 어떻게 죄와 세상으로부터 분리되어 새 생명 가운데 마땅히 해야 할 일을 하는가?"에 대한 것입니다. 한마디로 구원을 이루어가는 삶에 대한 고백입니다.

나는 이 책을 통해 성도들이 하나님나라의 복음을 깨닫고, 성령님의 인도하심 가운데 킹덤 멘털리티(kingdom mentality)를 가지고 주님의 뜻을 이 땅에 어떻게 이루어 가는지 알리고 싶습니다. 평신도들이 교회를 통해 이 세상에 하나님나라를 어떻게 이루어 가는지를 보여주고 싶습니다.

하나님의 동역자들과 함께하는 영광

이 책에는 결코 혼자서는 이룰 수 없는 내용으로 가득 차 있습니다. (구체적으로 다 언급할 수는 없었지만) HTM의 귀한 동역자들의 섬김과 헌신, 각 지역마다 하나님이 부르신 자들의 중보기도와 간절히 주님을 찾는 자들의 갈망 가운데 엮어 가시는 우리 하나님의 이야기 그리고 하나님나라를 꿈꾸는 킹덤빌더(kingdom builder)들의 몸부림이 사도행전 29장의 기록으로 담겨 있습니다.

나는 여기 참여한 모든 분들을 예수 그리스도의 이름으로 축복하고자 합니다. 당신이 없이는 결코 이 책이 만들어질 수 없었기 때문입니다. 사랑하는 모든 간사와 스태프들에게 당신과 함께 동역하는 것이 내 인생 최고의 영광이라고 말하고 싶습니다. 또한 집회와 세미나에 참석한 모든 성도들, 후원과 중보기도로 동역하는 HTM 파트너, HTM의 사역을 직간접적으로 격려하고 지지해주는 모든 성도들에게 진심으로 감사드립니다.

끝으로 성령님의 인도함을 따라 행한 이 모든 일들을 하나님나라의 이야기책으로 풀어낼 수 있도록 지지하며 큰 도움을 준 규장과 갓피플의 여진구 대표에게 진심으로 감사드립니다.

> 여호와 나의 하나님이여 주께서 행하신 기적이 많고 우리를 향하신 주의 생각도 많아 누구도 주와 견줄 수가 없나이다 내가 널리 알려 말하고자 하나 너무 많아 그 수를 셀 수도 없나이다 시 40:5

매순간 더 기대합니다, 성령님!

Heavenly Touch Ministry

프롤로그

PART 1   새 일을 행하시는
성령님

1 떠나라, 내가 새 일을 행하리라 16
2 이전 것은 지나갔으니 보라 새것이라 31
3 성령님의 나타나심이 내 삶의 새로운 기준이 되다 48

PART 2   내려놓을 때 채우시는
성령님

4 최고의 삶을 좇기 위해 포기한 것들 64
5 오직 성령님을 의지해야 하나님의 비전을 이룬다 78
6 도심 속 치유센터 비전이 이루어지다 88

PART 3   킹덤빌더를 세우시는
성령님

7 당신이 바로 성령님의 동역자입니다 108
8 성령님과 함께 세상을 하나님나라로 변화시키는 킹덤빌더 128
9 킹덤빌더의 영적 도약과 하나님나라를 향한 전진 149

WE EXPECT YOU, HOLY SPIRIT

차례

PART 4 새로운 문을 여시는 성령님

10 우리의 길을 넓히시고 새로운 문으로 부르시다 164
11 디아스포라를 향한 하나님의 안타까운 사랑과 눈물 180
12 애틀랜타에서 비전을 새롭게 하시다 197

PART 5 기름부으시는 성령님

13 기름부으심이 넘치는 말씀과 기도의 비밀 216
14 하나님이 치유하신다는 믿음과 그 위로하심 231
15 예수님의 마음을 품을 때 기름부으심이 넘친다 246

에필로그

네 길을 여호와께 맡기라
그를 의지하면 그가 이루시고 _시 37:5

WE EXPECT YOU, HOLYSPIRIT

1

새 일을 행하시는 성령님

1
떠나라,
내가 새 일을 행하리라

놀라운 부흥 vs 갑작스런 통고

월요말씀치유집회는 온누리교회의 축복과 감독 아래 2004년에 처음 시작되었습니다. 처음에는 서빙고 온누리교회 4층의 작은 방에서 시작했으나 곧 좀 더 많은 사람이 모일 수 있는 지하 1층의 비전홀로 장소를 옮겨 집회가 진행되었습니다. 비전홀은 4백 명 정도의 인원을 수용할 수 있는 규모입니다.

그런데 2007년에 무려 1천 여 명이 넘는 수의 사람들이 모였습니다. 그해 중반에 나의 책 《고맙습니다 성령님》(규장 간)이 출간되었는데, 주님의 은혜로 이 책이 베스트셀러가 되면서 예상했던 것보다 월요말씀치유집회가 더 많이 알려졌기 때문입니다. 물론 무척 감사하고 기쁜 일이었습니다만 문제는 장소였습니다.

교회에서는 비교적 넓은 장소가 많은 양재 온누리교회로 옮겨 집회할 것을 권했습니다. 당장 본당을 사용할 수는 없지만 여건이 허락되면 본당을 사용할 수 있을 것이라는 약속도 받았습니다. 그래서 2007년 가을, 하나님의 은혜로 기쁘게 장소를 옮겨 월요말씀치유집회를 이어갔습니다.

옮긴 장소는 그간 집회를 열었던 곳에 비해 훨씬 넓었지만 그것도 잠시, 금세 수용할 수 있는 인원보다 더 많은 사람들이 찾아왔고 급기야 다른 공간까지 열어 영상으로 집회 상황을 동시에 중계해야 했습니다. 그렇게 몇 달이 지나고 12월이 되었기 때문에 나는 이듬해부터는 양재 온누리교회 본당을 사용하게 되리라는 기대감을 안고 있었습니다. 그런데 기대와 달리 너무나 뜻밖의 말을 듣게 되었습니다.

"죄송합니다. 온누리교회에서는 더 이상 이 말씀치유집회를 하기 어려울 것 같습니다."

지역 주민의 민원이 너무 많다는 이유였습니다. 마음속 깊은 곳에서 혹시나 하고 염려했던 일이 마침내 일어나고 만 것입니다.

이 보 전진을 위한 일 보 후퇴?

당시 양재 온누리교회에서 주일에 이어서 평일 저녁, 그것도 다들 피곤하다는 월요일 저녁에 집회를 갖다보니, 교회 주변 주택가 주민들이 퇴근하고 집으로 돌아와 쉴 시간에 너무 많은 사람들이 교회로 모여들어 주위가 소란하고 복잡해져서 주민들의 원성이 높아졌습니다.

게다가 전국에서 모여든 수많은 사람들이 너도나도 먼저 좋은 자리에 앉겠다고 집회가 시작되기 전, 훨씬 이른 시간부터 교회 안으로 들어와 교회가 매우 어수선해졌다는 것입니다. 철없는 아이들이 기물을 파손하고, 이리저리 뛰어다니고, 음식물을 먹는 일까지 있었다니 갑자기 규모가 커진 집회에서 우려했던 문제가 발생한 것입니다.

또 월요말씀치유집회를 찾는 사람들이 온누리교회 교인들만이 아니라 전국 각지 여러 교회에서 수많은 인파가 모여들었기 때문에 부득불 불편한 일이 생기리라 예상은 했지만, 더 이상 교회 내에서 집회를 하기 곤란하다는 말을 들었을 때는 마치 집에서 쫓겨나는 어린아이 같은 기분이었습니다.

나는 제일 먼저 아내에게 소식을 전하고 함께 기도했습니다. 그리고 주님이 지금까지 나를 부르셔서 이끌어온 이 일이 단지 교회 내 한 부서의 일이 아님을 확인하게 되었습니다. 하나님의 뜻을 다시 한번 확인한 다음 무엇보다 내 머릿속을 가득 채운 가장 큰 근심은 어떻게 해야 집회를 계속할 수 있을까 하는 걱정이었습니다.

'이제 어디로 가며 어떻게 해야 할까? 사역을 계속할 수 있을까?'

이 문제를 함께 상의하고 기도를 부탁하기 위해 하나님께서 맺어주신 동역자인 규장 출판사의 여진구 대표를 만났습니다. 여 대표는 일본 나가노 집회에서 처음 나를 만난 후 성령체험을 하게 되었고, 그 후 매주 월요말씀치유집회에 참석하며 형제처럼 지내고 있습니다. 만난 지 오래된 것은 아니지만 그는 내가 알고 있는 사람 중에서도 매우 신실하고 소탈합니다. 정이 많으면서도 직선적이어서 직언을 많이 해주는 사람입니다.

이야기를 들은 여 대표가 그답게 웃으며 말했습니다.

"장로님, 어쩌면 더 잘된 일이 아닐까요? 이제 더 큰 일을 하실 수 있게 된 것 같습니다."

정말로 주님은 생각하지 못한 방법으로 우리를 이끌어 가기 시작하셨습니다.

> 이는 내 생각이 너희의 생각과 다르며 내 길은 너희의 길과 다름이니라 여호와의 말씀이니라 사 55:8

급물살에 떠내려가는 두 사람

나와 아내는 기도하면 할수록 이 일은 하나님의 뜻이고 또 하나님께서 친히 이끌어 가시게 될 것을 확신하게 되었습니다. 왜냐하면 그 당시에는 이해할 수 없었지만 이미 보여주신 사인(sign)이 있었기 때문입니다. 놀랍게도 이런 일이 일어나기 전에 아내는 기도하다가 성령님이 보여주시는 두 가지 그림을 보았습니다. 아내의 기도 가운데 이미 보여주신 것이 없었다면 나는 너무 큰 낙심과 거절감에 힘들어 했을 것입니다.

그중 첫 번째는 월요말씀치유집회에 사람들이 몰려오면서 점점 문제가 드러나기 시작할 때 보여주신 것인데, 나와 내 아내가 산 위에서 터진 샘물을 타고 산 아래 큰 저수지까지 떠내려가는 모습이었습니다.

산 위 작은 샘의 물이 점점 차올라 금세 넘쳐흐르겠다는 생각이 들었습니다. 결국 샘이 터지고 두 사람은 거세게 흘러내리는 물줄기를 타고 아래로 떠내려가기 시작했습니다. 유속(流速)이 어찌나 빠른지, 아내는 정말 죽을 것 같은 두려움을 경험했다고 합니다. 그러면서 아내는 이런 생각을 했습니다.

'그냥 흘러가는 물결에 몸을 맡겨 순종할까? 아니면 죽을 것 같으니 여기서 빠져나갈까?'

정말이지 너무 무서웠지만 아내는 '죽게 되면 죽지, 뭐'라는 각오로 산 아래로 계속 빠른 속도로 떠내려갔습니다. 한참을 떠내려가던 두 사람이 당도한 곳은 산 아래 시멘트로 잘 지어놓은 저수지 둑 같은 곳이었습니다. 둑은 매우 높고 둥그렇게 병풍처럼 둘러 있는 모양이었습니다.

'휴, 우리를 위해 예비된 곳이 있었구나!'

두 사람은 이 생각으로 안도하는가 하면 다른 한편으로 이런 생각을 했습니다.

'이 넓은 저수지를 다 채우려면 얼마나 많은 물이 더 필요할까?'

엄마에게 내쫓긴 아이

두 번째는 아내가 어린 시절로 돌아가 엄마에게 내쫓기는 장면이었다고 합니다.

이 그림은 아내가 월요말씀치유집회 스태프들과 함께 연말 수련회에 갔을 때, 함께 기도하면서 2008년 한 해가 앞으로 우리에게 어떤 해가 될 것인지 하나님께 묻고 나누는 시간을 가졌을 때 받은 것입니다. 그때가 교회로부터 집회를 더 이상 할 수 없다는 통보를 듣기 약 일주일 전쯤이었습니다.

아내는 유치원 또래의 어린아이가 되어 있고 그 앞에는 아내의 어머니가 서 계십니다. 그런데 갑자기 어머니가 방문을 확 열더니 아이더러 밖으로 나가라고 합니다. 밖은 너무 춥고 바람도 붑니다. 어린아이인 아내가 울먹이며 사정했습니다.

"엄마, 나는 아직 어린데, 아직 나 혼자 나가서 살 때가 안 되었는데, 왜 나가라고 하세요?"

어머니는 냉정하게 말합니다.

"이미 작정한 일이니 어서 나가!"

내쫓긴다는 사실이 너무 두렵고 엄마에 대한 섭섭한 감정이 솟구쳐 올라온 아내가 엉엉 울기 시작했습니다. 몇 시간은 족히 운 것 같았다고 합니다.

그런데 너무나 이상하지 않습니까? 사실 엄마와 관계가 좋았던 아내이기에 엄마에게 내쫓기고 말고 할 일은 없습니다. 게다가 이듬해 비전에 대해 묻는 기도 시간에 본 그림이라고 하기에 하도 엉뚱해서 아내가 하나님께 다시 여쭤보았습니다.

"하나님, 이게 도대체 무슨 뜻인가요?"

그러나 하나님께서는 더 이상 아무 대답도 없으셨습니다.

더 큰 일로 부르시는 하나님

하나님께서는 때때로 기도 중에 여러 가지 마음과 그림을 보여주심으로써 우리가 직면하게 될 놀랍고 당황스러운 상황에 대처할 수 있도록 마음의 준비를 시켜주십니다. 일종의 예방주사인 셈입니다. 어찌할 바를 알지 못하는 일을 만나게 되더라도 하나님께서 허락하시는 마음을 통해 그 일이 하나님께 속해 있으며 하나님께서 직접 인도하신다는 사실을 확신할 수 있기 때문입니다.

이런 일은 성경의 사도행전에서뿐만 아니라 오늘날에도 많은 사람들에게 일어나고 있습니다. 성령님이 하시는 일이기 때문입니다.

> 밤에 환상이 바울에게 보이니 마게도냐 사람 하나가 서서 그에게 청하여 이르되 마게도냐로 건너와서 우리를 도우라 하거늘 바울이 그 환상을 보았을 때 우리가 곧 마게도냐로 떠나기를 힘쓰니 이는 하나님이 저 사람들에게 복음을 전하라고 우리를 부르신 줄로 인정함이러라 행 16:9,10

> 그러나 진리의 성령이 오시면 그가 너희를 모든 진리 가운데로 인도하시리니 그가 스스로 말하지 않고 오직 들은 것을 말하며 장래 일을 너희에게 알리시리라 요 16:13

나와 아내는 하나님의 배려와 인도에 감사드리며 당혹스러운 마음도 걱정도 내려놓고 하나님의 인도하심을 더욱 신뢰하게 되었습니다. 그리고 그 두 가지 그림을 하나님의 사인(sign)으로 받았습니다. 이제 우리의 사역이 교회 안에 머무는 것이 아니라 이 땅에서 하나님께서 이루고자 하시는 더 큰 일을 향해 나아가고 있음을 어렴풋하게나마 깨달았습니다. 하나님께서는 우리가 본격적으로 하나님나라의 복음을 전하는 자로 서야 할 것을 도전해주셨습니다.

하나님의 인도하심을 믿으며 교회의 결정을 기쁘게 수용하여 온누리교회에서 마지막 월요말씀치유집회를 드리는 날, 그날만큼은 양재 온누리교회 본당에서 집회를 가졌습니다. 그런데 그날 집회에 모인 사람이 무려 3천여 명이나 되었습니다. 온누리교회에서 열린 월요말씀치유집회 사상 가장 많은 수가 모인 것입니다.

전국 각지에서 갈급한 심령의 사람들이 말씀치유집회를 찾아와 예배를 드렸고 그 시간 내내 하나님의 놀라운 역사가 일어났습니다. 본당에서 열린 단 한 번의 집회였지만, 하나님께서는 그 시간을 통해 앞으로 새롭게 이끌어 가실 말씀치유집회를, 그리고 나의 새로운 길을 미리 보여주셨습니다.

나는 가슴이 너무 벅차 나와 함께하시는 주님께 이렇게 고백했습니다.

"사랑하는 주님, 주님을 기대합니다. 주님이 이끄실 길을 기대합니다. 온전히 순종하기를 원합니다."

갈 바를 알지 못하였지만

> 믿음으로 아브라함은 부르심을 받았을 때에 순종하여 장래의 유업으로 받을 땅에 나아갈 새 갈 바를 알지 못하고 나아갔으며 … 이는 그가 하나님이 계획하시고 지으실 터가 있는 성(城)을 바랐음이라 히 11:8,10

하나님의 때와 인도하심을 확신했고 하나님의 사인을 받고 떠나는 길이었는데도 내 마음에 여전히 막막함이 있었습니다. 왜 안 그렇겠습니까? 당장 어디서 월요말씀치유집회를 이어갈 수 있을지 아무것도 장담할 수 없는 상황이었습니다.

'하나님, 이제 어디로 가야 할까요?'

나는 초조했지만 하나님께서 예비하신 장소가 어디일까 두근거리는 마음으로 집회 장소를 알아보기 시작했습니다. 그러던 중 어느 날 규장의 여진구 대표가 전화를 해서 갑자기 이런 말을 꺼냈습니다.

"장로님, 선한목자교회가 어떨까요? 성남시 수정구 복정동에 선한목자교회(유기성 목사 담임)라고 있는데, 그곳이 월요말씀치유집회를 하기에 최고의 장소입니다. 모든 것이 다 준비되어 있습니다. 그곳에서 집회를 할 수 있게 되면 좋겠습니다."

그가 집회 장소의 문제를 놓고 사내 기도실에서 기도하던 중, 전혀 예상치 못한 가운데 본인도 잘 알지 못하고 그 교회 목사님과 일면식

조차 없으며, 볼일이 있어서 딱 한 번 가보았을 뿐인 선한목자교회가 떠올랐다는 것입니다.

하지만 나에게는 뜬금없는 소리 같았습니다. 그 말을 듣자마자 그래도 내가 명색이 온누리교회 장로인데 온누리교회가 아닌 다른 교회에서 집회를 하다니, 자칫 교회에 부담이 될지 모른다는 생각이 들어 여 대표의 제안을 한마디로 일축해버렸습니다.

"나는 다른 교회에서는 집회를 하고 싶지 않습니다. 집회를 하게 된다면 공공장소에서 해야죠."

그리고 스태프 몇 사람과 집회를 할 수 있을 만한 장소를 백방으로 수소문해보고 직접 가보기도 했습니다. 하지만 아무리 찾아봐도 마땅한 곳을 찾을 수 없었습니다. 서울 시내에서 매주 2천 명 이상의 인원을 수용할 수 있는 장소가 흔하지 않을뿐더러 혹 있다 해도 장소 대여 비용이 상상을 초월했습니다.

나는 다시 고민에 빠졌습니다. 하나님께서 새로운 장소를 마련해주시리라는 믿음은 있었지만, 그곳이 과연 어디인지 몰라 답답한 한 주가 흘러갔습니다.

들어도 듣지 못하는 미련한 귀

그때 서울의 어느 교회에서 집회가 있었는데, 그 교회 엘리베이터에서 우연히 처음 만난 분이 나를 알아보고 인사를 건넸습니다.

"장로님, 여기 웬일이세요? 마땅한 집회 장소를 찾고 계신다지요?"

소문이 어찌나 빠른지 이미 많은 사람들이 나의 사정을 알고 있는 것 같았습니다.

"그걸 어떻게 아셨어요?"

내가 이렇게 묻자 그 분은 대답 대신 대뜸 이렇게 말했습니다.

"장로님, 선한목자교회에서 하시면 되잖아요! 거기가 제일 좋은 장소입니다"(그는 이 일이 있고 나서 한참 후, 하나님의 인도하심으로 현재 HTM 스태프로 섬기는 임은희 집사입니다).

순간 나는 뭔가에 머리를 얻어맞은 것 같았습니다. 하나님께서 내게 들려주시려는 말씀이 있는 것 같았고 하나님께서 그 장소를 사용하시고자 한다는 것을 느꼈습니다. 다른 교회에서 집회를 하지 않겠다는 결정 역시 나의 인간적인 결정이었음을 깨달았습니다. 맨 처음 선한목자교회를 추천했던 여 대표의 말이 생각났습니다. 하지만 동시에 후회막급한 일도 한 가지 떠올랐습니다.

한 달 전쯤 선한목자교회에서 집회 요청을 받았는데, 일정이 맞지 않는 관계로 내가 그 요청을 거절했던 겁니다. 그 일이 떠오르자 마음속으로 얼마나 후회스러웠는지 모릅니다.

'아, 그때 내가 왜 안 간다고 했을까? 꼭 갔어야만 했는데….'

돌이켜보면 그 교회의 집회 요청이 하나님께서 예비하신 기회였는데, 하나님께서 마련해두신 장소에 미리 가볼 수 있도록 준비해주신 일이었는데, 내가 미처 그것을 깨닫지 못하고 놓쳐버린 것입니다.

부르신 곳으로

그간의 전후 사정이야 어찌됐든 늦었지만 하나님의 사인(sign)임을 확신한 나는 급히 선한목자교회 유기성 목사님을 만나보기로 했습니다. 참 감사하게도 유기성 목사님은 우리의 제안을 흔쾌히 반겨주셨고, 내가 지금껏 어떤 목사님으로부터도 들어보지 못한 말씀을 해주셨습니다.

"선한목자교회는 저희만의 교회가 아니라고 생각합니다. 선한목자교회에서는 예수전도단(YWAM) 화요모임, 순회선교단(WMM) 복음학교에 장소를 제공하고 있습니다. 하나님나라의 복음을 전하기 위해서 필요하다면 누구에게라도 교회를 개방하는 것을 원칙으로 하고 있습니다. 당회에서 긍정적으로 검토하고 장로님들과 의논해보겠습니다."

또 그러기에 앞서 집회를 한 번 갖자는 요청을 다시 한번 해주시니 얼마나 감사한지, 나는 두말 않고 승낙했습니다. 그리고 선한목자교회 6층에서 열린 집회 당일, 흔히 있는 일이기는 해도 집회 시간 내내 소리를 지르는 사람이 있는 등 낯선 분위기에 당황하거나 이상한 집회라 오해하시는 장로님이 없을까, 나는 내심 마음을 졸였습니다. 그런데 놀랍게도 선한목자교회에서 흔쾌히 장소 사용을 허락한다는 연락을 받았습니다. 할렐루야!

선한목자교회를 방문하여 처음으로 집회가 열릴 본당에 들어가본 날, 나는 단상에 무릎을 꿇고 벽에 걸린 십자가를 바라보았습니다. 기도하는 가운데 놀라운 하나님의 영광의 임재를 경험했습니다. 그 십자가 앞에 나도 모르게 쓰러졌습니다. 하나님의 임재 속에서 안식하는 가운데 하나님께서 내 마음에 이런 감동을 주셨습니다.

"여기가 네가 있을 장소란다."

이곳이 하나님께서 나를 부르신 곳, 내가 하나님의 사역을 감당해야 할 장소임을 알게 하셨습니다.

과연 선한목자교회는 말씀치유집회를 하기에 가장 좋은 예배당의 모습을 하고 있었습니다. 한꺼번에 3천 명도 충분히 모일 수 있는 큰 예배당, 층간에 층이 없어 맨 뒤에 앉은 사람도 복잡한 계단을 통하지 않고 바로 단상 앞까지 내려올 수 있는 회중석은 마치 반원형의 스타디움 같았습니다. 게다가 회중석과 단상 사이에 적당한 공간이 있어서 공식 집회를 마치고 난 뒤 여러 사역자들이 동시에 치유사역을 하기에도 그만이었습니다.

무엇보다 놀라운 것은, 그 모습이 아내가 기도 중에 본 저수지 둑과 유사했다는 것입니다. 단상에서 바라본 회중석은 단상을 중심으로 부채꼴로 퍼진 모양을 하고 있어서 한눈에 들어왔고, 산 위에서 터진 물을 타고 떠내려와 안착한 산 아래 저수지 둑처럼 높이 빙 두른 모양입니다. 그래서인지 처음 예배당에 들어설 때부터 나는 매우 친숙했고 왠지 낯이 익었습니다.

정말 놀랍지 않습니까? 불과 두 달 전, 갈 바를 알지 못하여 힘들어할 때 아내를 통해 보여주신 대로, 선한목자교회는 하나님이 예비하신 바로 그 장소였습니다.

미약한 집회를 쓰시는 하나님

2008년 2월 18일, 선한목자교회에서 처음으로 월요말씀치유집회가 열렸습니다. 첫 집회의 풍경은 놀라웠습니다. 예배당 안은 3천 명에 달하는 사람들로 이른 시간부터 꽉 들어찼습니다. 생각하면 생각할수록 놀라운 성령님의 은혜요, 역사입니다.

'이 집회에서 도대체 무얼 기대하기에 월요일 늦은 시간 이곳까지 이토록 많은 사람들이 찾아오는 것일까?'

추측건대 이 집회에 참석하는 사람이라면 본인 또는 가족 중에 몸이 아픈 분들이 있거나 마음이 힘들거나 형편이 어려운 분들이 많을 겁니다. 그런데 서울 외곽에 위치한 이곳까지 일상의 피곤을 무릅쓰고 서너 시간 거리를 달려온 분, 여러 번 차를 갈아타고 아기를 업고 안고 온 분, 알음알음으로 집회를 찾아온 많은 사람들의 표정이 저마다 밝고 기쁘고 기대감에 차 있었습니다.

나는 그 이유가 뭘까 생각해보았습니다. 아무리 생각해보아도 하나님께서 월요말씀치유집회를 사용하셔서 갈급한 심령을 모으시는 것이라고밖에 달리 다른 이유를 찾을 수 없습니다. 내가 잘나서도 아니요, 헤븐리터치 미니스트리(HTM)라는 사역단체가 뛰어나서도 아닙니다. 이토록 미약한 집회를 사용하기 원하시는 데는 그만한 뜻이 있다고 생각합니다. 하나님께서 무엇인가 말씀하고자 하시는 것이 있기 때문입니다.

나는 그 뜻을 구하고 그것을 전하기 위해 오늘도 겸손히 무릎을 꿇고 하나님의 음성에 귀 기울이고자 합니다. 그리고 하나님이 보여주시는 크고 비밀한 일을 기대합니다.

> 보라 네가 알지 못하는 나라를 네가 부를 것이며 너를 알지 못하는 나라가 네게로 달려올 것은 여호와 네 하나님 곧 이스라엘의 거룩하신 이로 말미암음이니라 이는 그가 너를 영화롭게 하였느니라 사 55:5

2

이전 것은 지나갔으니
보라 새것이라

내 인생의 기적

"당신은 어떤 사람입니까?"

누군가 내게 이렇게 묻는다면 나는 이렇게 답할 것입니다.

"나는 예수님을 사랑함으로 하나님나라의 복음을 전하며 성령님께 사로잡힌 치유사역자로서 생명을 살리는 일을 내 삶의 최고 우선순위에 두고 살아가는 사람입니다."

이것이 지금의 나의 모습이기 때문입니다. 성령님을 만난 이후 나의 유일한 소망은 성령님과 동행하며 그분의 뜻을 좇아 살아가는 것이 되었습니다. 내가 어떤 자리, 어떤 모습으로 존재하든지 말입니다.

하지만 과거의 나를 아는 사람이라면 지금의 내 모습을 상상하기가 거의 불가능할 것입니다. 내성적인 성격에 열등감도 많아 사람들 앞에 나서는 것을 극도로 싫어하는 소극적이고 보잘것없는 소년이었으며, 대학에 입학한 후로는 반항심과 자괴감 그리고 해결할 수도 없는 고민을 홀로 짊어지고 방황하던 청년에 불과했습니다. 그런 내 인생이 지금의 모습으로 변화된 것은 실로 놀라운 하나님의 은혜이자 기적입니다.

내 인생을 기적처럼 바꾼 몇 가지 계기가 있었습니다. 그때는 하나님을 전혀 알지 못했고, 믿지 않던 때였지만, 하나님께서는 그때도 지금의 나를 보시며 내 인생을 주장하고 계셨습니다.

> 여호와께서 태에서부터 나를 부르셨고 내 어머니의 복중에서부터 내 이름을 기억하셨으며 내 입을 날카로운 칼같이 만드시고 나를 그의 손 그늘에 숨기시며 나를 갈고 닦은 화살로 만드사 그의 화살통에 감추시고 내게 이르시되 너는 나의 종이요 내 영광을 네 속에 나타낼 이스라엘이라 하셨느니라 사 49:1-3

무의미한 고민을 멈추다

대학생 시절, 나는 정상적인 학생의 모습이 아니었습니다. 치렁치렁 아무렇게나 걸친 옷에 고무신을 질질 끌고 다니는 모습이 하도 기괴하여 학교 정문에서 신분증 검사를 당하기도 여러 번이었습니다. 학과 공부에는 전혀 관심이 없었고, '인생이란 무엇인가?'가 그 시절 나의 유일한 고민거리였습니다. 철학과 불교에도 심취해봤지만 고민만 깊어질 뿐 어디에서도 해답은 찾을 수 없었고, 나는 깊은 허무주의에 빠져 괴로움에 줄담배를 피우고 술을 입에 달고 살았습니다.

그러던 어느 날, 정확히 대학교 3학년이던 해 5월 7일이었습니다. 그날도 나는 밤늦도록 술을 마시다가 자정이 다 된 시간까지 거리를 헤매고 있었습니다. 그러다 결국 어딘지도 모르는 곳에서 통행금지에 걸려 인근 파출소로 끌려갔습니다. 거친 실랑이를 벌이며 파출소로 들어섰을 때 머리카락이 허옇게 센 어느 경찰관이 다짜고짜 나를 때리며 야단을 쳤습니다.

"야, 이놈아! 오늘이 무슨 날인지나 아냐? 네 부모를 생각해봐! 이런 날 술이나 마시고 다녀서야 되겠냐?"

처음에는 '자기가 뭔데 나를 때려?' 하며 반발심만 들었는데 시간이 흐를수록 그 경찰관의 말이 계속 생각났습니다.

"오늘이 무슨 날인지 아냐?"

정신을 차리고 곰곰이 생각해보니 5월 8일, 바로 어버이날이었습니다. 순간 지난 시간들이 주마등처럼 눈앞을 스쳐 지나갔습니다. 화목하지 않았던 가정환경, 고등학교 때 가출했던 일, 어렵게 대학에 들어왔지만 허송하며 보낸 시간들, 철학서를 많이 읽었지만 얻은 것이라고는 머리에 가득 찬 모순뿐, 인생의 문제에 대한 실타래가 풀리기는커녕 더 헝클어지기만 했습니다.

'참 진리란 무엇일까?'

철학도 학문도 그 질문에 전혀 답하지 못했습니다. 파출소에서 밤을 샌 그때 나는 처음으로 이런 생각을 했습니다.

'내가 더 이상 이렇게 살아서는 안 되겠구나. 고민으로 해결되는 건 아무것도 없다. 일단 주어진 일에 최선을 다하자.'

순간적으로 철이 들어버린 것 같았습니다. 그곳에 잡혀온 사람들은 새벽이 되면 경찰서로 이송되어 즉결심판(卽決審判)을 받게 된다는 말이 들려왔습니다. 정신을 차린 나는 나를 때린 경찰관을 찾아가 용서를 빌었습니다.

"저…, 잘못했습니다. 한 번만 용서해주시면 앞으로 제대로 살겠습니다. 용서해주십시오."

그 경찰관은 나를 멀거니 바라보며 아무 말도 하지 않다가 새벽 4시가 되자 경찰서로 이송하는 차에서 나를 빼주었습니다. 그 경찰관의 말이 아직도 뇌리에 남아 있습니다.

"가라, 이놈아! 앞으로는 제대로 살아!"

아침 이슬인지 안개인지 모를 무엇이 차갑게 내리는 새벽, 한참을 정처 없이 걷다보니 문득 눈에 익은 어린이대공원 후문이 보였습니다. 파르스름한 가로등 불빛 아래서 나는 생각했습니다.

'그래, 이제는 더 이상 고민하지 말자. 일단 내게 주어진 일이라도 최선을 다해보자. 이렇게 살다가는 정말 폐인이 되겠구나.'

인생의 고민이 다 풀린 건 아니지만, 나는 그때부터 마음을 다잡기 시작했습니다. 대학교에 입학해 처음으로 전공 책을 손에 잡고 공부에 열을 올렸고 늦게나마 정신을 차리고 공부하게 된 것을 다행스럽게 생각했습니다.

'나도 원래부터 형편없는 인간은 아니다. 열심히 하면 나에게도 가능성이 있다!'

석사장교 합격하기

두 번째 계기는 단기간에 석사장교에 합격한 일입니다.

4학년이 되었습니다. 군대에 가야 할 때가 된 것입니다. 하지만 공부에 늦바람이 든 나는 못다 한 공부를 더 해보겠다는 생각으로 대학원에 진학했습니다. 공부에 재미가 붙었을 뿐 아니라 '나도 할 수 있다!'라는 생각에 어떻게든지 더 공부를 계속하고 싶었습니다. 마침 대학원 때 받은 신체검사에서 단기사병(방위)으로 판정을 받았습니다.

그런데 내가 대학원에 다니는 동안 처음으로 '석사장교' 제도가 생겼습니다. 현재는 없어졌지만, 당시 석사 학위 취득자 중 우수자를 시험으로 선발하여 4개월의 장교 훈련과 2개월의 배치근무, 도합 6개월의 군복무를 마치면 전역하도록 한 제도였습니다. 하지만 가겠다고 해서 아무나 갈 수 있는 것은 아니었습니다.

내가 석사장교 시험을 보겠다고 하자 교수님들의 반응은 하나같이 썰렁했습니다.

"서울대학교 출신이거나 일찌감치 준비한 사람이나 가능하지 너는 힘들 거야."

그래도 마음속으로 할 수 있다는 자신감으로 충만했지만 곧 포기할 수밖에 없었습니다. 왜냐하면 초창기 석사장교 지원 요건에 따르면 신체검사에서 단기사병 판정을 받은 사람은 아예 지원할 수 없었기 때문입니다. 실망한 나는 석사장교 시험을 포기하고 연말까지 거의 잊고 지냈습니다.

그런데 놀라운 일이 일어났습니다. 졸업을 얼마 남겨두지 않은 그해 11월 말, 연세대학교 대학원에 다니던, 앞으로 매제가 될 사람을 통해 그 사이 법이 개정되어 단기사병 판정을 받은 사람에게도 시험 치를 자격을 준다는 사실을 알게 된 것입니다. 확인해보니 정말 법이 바뀌어 있었습니다. 나는 그것도 모르고 1년이라는 시간을 그냥 흘려버린 것입니다.

당시에 나는 학과 조교를 하고 있었는데, 12월 방학이 되자마자 지도교수를 찾아가 양해를 구했습니다. 비록 얼마 남지 않은 시간이지만 열심히 준비해서 시험을 치러봐야겠다는 독한 마음을 먹은 것입니다. 나는 공부하기 좋은 절을 찾아 무작정 강릉으로 떠났습니다. 여러 절을 알아보았지만 동안거(冬安居, 겨울 수행 정진. 불교 용어) 중에는 사람을 받지 않는다고 하여 난감해하는 내게 한 택시 운전기사가 오대산 쪽으로 가보라고 일러주었습니다. 거기 가면 겨울철이라 놀리는 방갈로나 민박집이 많아 며칠간 빈 방을 얻을 수 있다는 말이었습니다. 다시 버스를 타고 물어물어 오대산으로 찾아가자 정말 동네에 민박집들이 많았습니다.

나는 그중 한 집을 찾아가 이렇게 부탁했습니다.

"제가 여기 15일만 묵겠습니다. 밥만 넣어주십시오. 그리고 제가 무얼 하든지 신경 쓰지 말아주십시오."

내가 가지고 들어간 것은 토플(TOEFL) 책 하나였습니다. 화장실 가고 밥 먹는 일 외에 세수도 제대로 하지 않고 토플 공부만 했습니다. 공부하다 졸리면 그 자리에 쓰러져서 자고, 일어나면 다시 책을 보았습니다. 그렇게 14일이 흐르고 '이제 난 할 만큼 했다' 생각하고 돌아와 시험을 봤습니다. 합격자를 발표하는 날, 조마조마한 마음으로 합격자 명단을 찾아보았는데 거기에 내 번호와 이름이 있었습니다. 그때 '난 할 수 있다!'는 신념이 하늘을 찌를 것만 같았습니다.

어떻게 준비한 유학인데?

대학원도 졸업하고 석사장교로 군복무를 마치고 제대도 하자 이듬해 나는 지금의 아름다운 아내와 결혼했습니다. 이제는 정말 무엇을 하든지 잘할 수 있을 것 같아 내친김에 나는 공부를 계속하기로 마음먹고 유학을 결정했습니다. 그 마음을 아내에게 내비치자 아내도 기뻐했습니다. 당시 아내는 자신감에 찬 나의 그런 모습이 마음에 들었던 것 같습니다.

하지만 결혼하고 유학을 간다고 하니 주변 사람들의 반응은 조금 달랐습니다.

"결혼도 했는데 이제 와서 무슨 유학이야? 착실하게 돈 벌면서 그냥 살지!"

심지어 좋은 학교를 나온 것도 아닌데 유학 간들 무슨 소용이냐는 말도 들렸습니다. 그럴수록 나는 반드시 유학을 가고야 말겠다고 다짐했습니다. 유학을 가기로 결정한 뒤 나는 잠시 처가살이를 하게 되었습니다. 우리는 첫아이를 가졌습니다. 아내와 나는 함께 유학을 준비하며 하루 종일 시립도서관에서 공부했습니다. 아내는 RN(Registered Nurse, 미국 공인 간호사)으로 취직하기 위해 CGFNS(외국인 간호사의 미국 간호사 응시 자격시험) 공부를 하고, 나는 대학원 박사 과정 입학을 위한 공부를 했습니다.

그렇게 1년 가까운 시간이 흘렀습니다. 그런데 공부가 잘되는 날도 있지만, 뜻대로 안 되는 날도 있지요. 그런 날은 내가 봐도 내가 너무 한심해 보였습니다. 처가살이 하는 형편에 공부는 잘 안 되고, 아내에게 이런 푸념을 할 수도 없습니다. 그렇다보니 사람 만나기도 싫고 갈 데도 없었습니다. 그럴 때는 대낮에 사람이 적어 거의 혼자 있을 수 있는 곳, 목욕탕 한증막이 최고의 장소입니다. 김포공항에도 가보았습니다. 그때까지 비행기를 한 번도 타본 적이 없던 나는 우두커니 앉아 이륙하는 비행기를 바라보았습니다.

'나도 저 비행기를 타고 어서 유학 가야 하는데…'

그 후 미국의 6개 대학원에서 입학 허가서가 왔고 드디어 나는 유학길에 올랐습니다.

반전 있는 인생을 예비하신 하나님

내 인생이 바뀐 세 번째 계기는 미국 유학 중에 일어났습니다.

입학 허가서가 가장 먼저 온 곳은 나중에 내가 박사학위를 받은 조지아대학교였지만, 그 다음에 온 메릴랜드대학교에서 장학금을 준다기에 나는 곧바로 메릴랜드대학교 대학원으로 가기로 결정했습니다. 그런데 유학생활을 시작한 지 2개월 만에 미국인 지도교수는 내가 실력이 부족하니 박사 과정이 아니라 석사부터 다시 하라고 했습니다. 더 이상의 시간과 기회조차 주지 않는 데 실망하고 자존심이 상한 나는 결국 학교를 그만두었습니다.

돌이켜 생각해보면, 그때 하나님께서는 "난 할 수 있다"고 자신감에 차 있던 내게 "너 스스로 할 수 있는 것은 아무것도 없다"는 것을 가르쳐주신 것입니다. 그렇지만 그 당시 나는 메릴랜드대학교에서 겪은 일들을 도저히 이해할 수 없었고 공부할 마음도 싹 사라졌습니다. 당장 한국으로 돌아가 장사나 해야겠다는 마음뿐이었습니다. 그때 아내는 생계를 위해 한국 음식점에서 종업원으로 일했는데, 믿었던 남편이 유학을 포기하고 하루아침에 아내가 받은 팁이나 헤아리는 백수가 되었으니 얼마나 기가 막혔겠습니까?

아내는 하나님께 나아가 기도해야겠다고 생각했습니다. 하지만 막상 기도하려고 보니 하나님께 너무 염치가 없고, 기도를 해도 하나님이 들어주실 것 같지 않았다고 합니다. 사실 아내는 어릴 때부터 교회에 다녔습니다. 그녀에게는 교회가 자연스러운 삶의 일부분이었고 세례를 받지 않았지만 대학생 때 교회학교 교사도 하며 열심히 교회생활을 했습니다.

그런데 하나님을 인격적으로 만나지는 못했던 것 같습니다. 믿음 좋은 사람들이 어느 날 갑자기 신학교에 가고 힘들게 목회자의 길을 걷는 것을 보면서 신앙이 좋으면 천국엔 갈 수 있지만 이 세상에서는 어려운 삶을 살아야 한다는 생각에, 신앙이 좋은 사람과는 절대 결혼하지 않겠다고 결심했다는 것입니다.

결국 믿음 좋다는 수많은 사람들을 뿌리치고 신앙이 없는 나와 결혼하게 되었는데, 이제 도리어 그 남편 때문에 하나님 앞에 나와 하소연하게 된 것이지요.

아내는 완전히 낮아진 마음으로 기도하기 시작했습니다. 그 당시 나는 잘 몰랐지만, 아내는 밤낮으로 울며 하나님께 매달렸습니다. 처음에는 남편에게 다시 한번만 공부할 기회를 달라고 기도했는데, 어느 순간부터 하나님께서 아내의 기도를 바꾸셨습니다. 그러면서 아내의 마음도 평안해졌다고 합니다.

"하나님께서 어떻게 인도하시든 감사하며 따르겠습니다. 이제 다시는 하나님을 떠나지 않겠습니다."

아덴스에서 함께하신 하나님

아내는 우리가 한국으로 돌아가기 전에, 가장 먼저 입학 허가를 내주었던 조지아대학교를 한 번 방문해보자고 간곡히 당부했습니다. 그런데 감사하게도 그렇게 방문하게 된 조지아대학교에서 나는 학업을 계속하게 되었습니다.

조지아 주(州) 아덴스에서 보낸 유학 시절에 나는 일생일대의 변화를 경험했습니다. 하나님이 없다는 사실을 증명해 보이려는 마음으로 교회에 나갔다가 하나님을 만난 것입니다. 지금 생각해보면 정말 놀라운 하나님의 이끄심과 예비하심이 아닐 수 없습니다. 그 시절에 하나님께서는 내게 "너 혼자서는 아무것도 할 수 없다. 그러나 내가 너와 함께한다"는 것을 끊임없이 가르쳐주셨습니다.

유학 시절을 떠올릴 때 빼놓을 수 없는 사건이 몇 가지 있는데, 첫 번째는 교회에 나간 지 얼마 안 되어 담배를 끊은 경험입니다. 처음 교회에 나갔을 때 나는 늘 예배당 맨 뒷자리에 앉았습니다. 왜냐하면 예배가 끝날 때까지 참지 못하고 중간에 나가 담배를 한 대 피우고 들어와야 했기 때문입니다. 나는 고등학교를 졸업하기 전부터 담배를 피운 소위 '골초'로, 기관지염과 편도염을 달고 다니면서도 담배를 끊지 못하고 있었습니다. 과거에는 끊고 싶지 않아서 안 끊었지만 그때는 끊고 싶어도 끊을 수 없게 된 것입니다.

나는 연말이 되어 새해 계획으로 담배를 끊기로 결심했습니다. 그간 지키지 못할 약속을 많이 해서 그런지 아내는 시큰둥한 반응이었습니다. 그런 아내에게 나는 재차 큰소리를 쳤습니다. 어느 날 같이 유학생활을 하던 친구를 집으로 초대했는데, 그 친구도 나처럼 골초였습니다. 담배를 끊겠다는 내 결심을 듣자 그 역시 "네가 담배를 끊으면 내 손에 장을 지지겠다"라고 하며 웃어넘겼습니다.

식사를 마치고 저녁 9시쯤 나는 미국 농무성에 위치한 실험실로 올라갔습니다. 아이러니하게도, 당시 내 실험실의 주요 연구 테마 중 하나가 담뱃잎을 분석하는 것이었습니다. 그러니 지천으로 널린 것이 담배입니다. 나는 데이터를 정리하면서 별생각 없이 평소대로 담배를 한 개비 입에 물고 불을 붙였습니다. 습관이 얼마나 무서운지 모릅니다.

그런데 담배를 한 모금 빨아들이는 순간, 허리가 끊어질 듯한 통증을 느꼈습니다. 그리고 "악!" 소리를 지르며 바닥에 주저앉아버렸습니다. 그때 나는 말씀도 모르고 기도도 제대로 할 줄 몰랐습니다. 그렇지만 그 순간 나는 무슨 일이 일어났는지 깨달았습니다. 하나님 앞에 약속했으면 반드시 지켜야 하는데, 아무렇지도 않게 또 다시 죄를 지어 그 때문에 아프다는 것을 직감한 것입니다.

내 삶에 개입하시는 하나님 경험

통증이 너무 심해 거의 기다시피 해서 집으로 돌아왔습니다. 그런데 이번에는 저녁을 먹을 때까지만 해도 멀쩡하던 아들이 고열이 나면서 침대에서 고통스럽게 뒹굴고 있었습니다. 나는 내 허리 통증보다도 아들 녀석이 아파서 뒹구는 것이 더 고통스러웠습니다. 이미 시간이 자정이 가까웠기 때문에 날이 밝으면 병원에 가기로 하고 기다리는 수밖에 달리 방도가 없었습니다. 하지만 마음속으로 갑작스러운 이 일들이 내 죗값이라는 생각을 떨쳐버릴 수 없었습니다.

그러자 불현듯 병원에 가기 전에 기도해봐야겠다는 생각이 들었습니다. 문제는 나도 아내도 이럴 때 어떻게 기도해야 하는지 모른다는 것입니다. 우리는 새벽 4시쯤 옆집에 살던 유학생 집사님에게 사정을 이야기하고 와서 기도해달라고 부탁했습니다. 집사님과 아내와 나 세 사람은 꽤 오랫동안 찬송도 부르고 기도도 했습니다. 그렇지만 아무런 일도 일어나지 않았고 내 마음에 평안도 없었습니다.

그때 내 마음 깊은 곳에서 내가 다시 담배를 피웠다는 사실을 고백하라고 울리는 소리가 있었습니다. 나는 아내에게 또 약속을 어겼다는 말을 차마 할 수 없었습니다. 하지만 주님이 '어서 네 입으로 고백하라' 하시며 내 뒤통수를 치시는 것만 같았습니다. 얼마나 버텼을까, 나는 나도 모르는 사이에 두 사람 앞에서 "주님, 죄송합니다. 제가 죄를 저질렀습니다"라고 고백했습니다. 그런데 놀랍게도 그 순간 눈물이 비 오듯 쏟아지며 내 허리 통증이 사라지고 아들이 잠잠하게 되었습니다.

이 사건은 내가 하나님을 믿고 처음으로 경험한 기적이었습니다. 나는 이 경험을 통해 하나님과의 관계에 대한 귀중한 교훈을 깨달았습니다. 그때까지 나는 신앙을 불교나 다른 종교처럼 자기 수양 정도로만 생각해왔는데, 주님이 진짜로 계셔서 내 삶에 개입하심을 깨달았고 크고 두려운 존재에 홀린 것 같았습니다. 함께 기도해준 옆집 집사님의 권면도 잊을 수 없습니다.

"반드시 주님을 높이고 주님께 감사해야 합니다. 그렇지 않으면 사탄이 이 일을 우연이라고 여기게 할 것입니다."

그때 나는 주님이 행하신 일을 영원히 기억하는 것이 '감사'라는 것을 배웠습니다.

> 감사로 하나님께 제사를 드리며 지존하신 이에게 네 서원을 갚으며 환난 날에 나를 부르라 내가 너를 건지리니 네가 나를 영화롭게 하리로다 시 50:14,15

그 일 후 내가 가장 싫어하는 냄새가 담배 냄새가 되었습니다. 내 노력과 인내가 아니라 하나님의 행하심으로 단번에 담배를 끊게 된 것입니다. 당시에는 그냥 감사만 했지만, 후에 이 경험은 내가 말씀을 육신적으로 지켜 보이는 삶이 아니라 내 안에 계신 주님이 말씀을 이루시는 삶이 무엇인지 가르쳐준 귀한 사건이 되었습니다.

새롭게 지으시는 역사

하나님께서는 공부를 통해서도 귀한 교훈을 주셨습니다.

조지아대학에서 공부하는 과정도 쉽지만은 않았습니다. 박사과정에 필수인 생화학(Biochemistry) I 에서 낮은 학점을 받았습니다. 하지만 죽기 살기로 공부하여 다음 학기 생화학 II에서는 당시 수업을 듣던 전체 자연과학분야 학생 중 7등을 하는 성과를 올렸습니다. 조지아 아카데미 사이언스(Georgia Academic Science)에 나가 화학 분야 최

우수 논문상을 수상해 지방신문에 나기도 했는데, 그때 내 마음에 또다시 자신감과 교만이 자리 잡았던 것 같습니다. 나는 다시 기고만장해졌습니다.

나는 전공의 마지막 관문격인 식물화학(Phytochemistry) 수업을 들었습니다. 담당교수는 그 대학의 석좌교수로 매우 유명한 교수님이었는데, 나는 자신감과 의욕에 차서 여러 차례 질문도 하고 교수님과 다른 의견을 내놓기도 했습니다. 그런데 중간고사 결과 나는 58점으로 꼴찌를 했습니다. 정답과 나의 답안을 비교해보니 2점 정도 점수를 더 받을 수 있을 것 같아 나는 교수님을 찾아가 사정해보았습니다. 그러나 교수님은 거절하며 이렇게 말했습니다.

"2점 더 올려줘도 어차피 낙제입니다. 게다가 당신은 내가 설명한 대로 답을 쓰지 않았기 때문에 점수를 줄 수 없습니다."

나는 그간 나의 교만을 회개하고 다시 주님을 온전히 의뢰하기로 결단했습니다. 다음번에 또 낮은 학점을 받는다면 공부할 수 있는 더 이상의 기회조차 잃게 되기 때문입니다.

주 앞에서 낮추라 그리하면 주께서 너희를 높이시리라 약 4:10

나는 연구실에 간이침대를 가져다놓고 쪽잠을 자며 공부와 기도에 매달렸습니다. 4시간 공부하면 4시간 기도하고, 3시간 공부하면 3시간 기도했습니다.

"하나님, 낙제하고 싶지 않습니다. 하나님이 살아 계심을 다시 한 번 보여주십시오!"

드디어 시험을 보는 날이 되었습니다. 화장실에 들러 간절히 기도한 다음 나는 강의실로 들어가 시험을 보았습니다. 2시간쯤 지나자 함께 시험을 치르던 학생들이 모두 나가버렸습니다. 시험장에 나 혼자 남아 시험을 치르며 30여 분이 더 흘렀을 때 교수님이 다가와 내게 말했습니다.

"당신이 영어로 답안을 작성하는 일이 쉽지 않겠지만, 언어 시험이 아니라 전공 시험이니 만큼 시간을 더 줄 수는 없습니다."

기다리다 못한 교수가 내 답안지를 빼앗다시피 가져갔습니다. 한 문제를 다 풀지 못한 나는 너무 낙심이 되었습니다. 무거운 발걸음으로 시험장을 나오는데, 마음 깊은 곳에서 '그래도 내가 이만큼 할 수 있었던 것은 하나님이 함께하셨기 때문이다. 감사하자!'라는 마음이 솟구쳤습니다. 그래서 곧바로 연구실로 가서 무릎을 꿇고 기도를 드렸습니다.

"주님, 거의 반 학기 동안 기도하며 주님을 의뢰했습니다. 모든 결과는 주님 손에 달린 것입니다. 감사합니다."

하나님이 할 수 있으시다!

이틀 뒤, 시험 점수가 교수의 연구동 창문에 붙었습니다. 너무 떨려서 낮에는 차마 가보지 못하고 어슴푸레해지는 저녁 무렵 혼자 창문안을 들여다보는데, 마침 들어가던 한 학생이 나를 보고 먼저 아는 척을 했습니다.

"네가 손기철이지? 이번에 1등 한 거 축하해."

나는 속으로 깜짝 놀랐습니다. 정말 내 이름이 제일 위에 올라 있었습니다. 만감이 교차했습니다. 다른 학생들이 모두 일찍 답안지를 제출하고 나갔기 때문에 설마 내가 1등을 하리라고는 상상도 하지 못했습니다. 알고 보니 다른 학생들도 답을 다 쓰고 나간 것이 아니라 답을 다 쓰지 못하고 일찍 나간 것이었습니다.

다음날 나는 감사한 마음에 교수님을 찾아가 인사를 드렸습니다. 하지만 그 교수는 내게 여전히 냉소적이었습니다. "아, 그래요? 잘했군요"라는 말만 남기고 자기 방으로 훌쩍 들어가버렸습니다. 그러니까 그 교수는 내게 더 엄격하게 점수를 매기면 매겼지 굳이 더 좋은 점수를 줄 이유가 없습니다. 그런데도 내가 1등을 했다는 것은 하나님이 하신 일이었습니다. 결코 내가 잘해서 잘된 것이 아니었습니다. 나는 할 수 없지만 하나님께서는 할 수 있으십니다!

그때 나는 무조건 감사해야 한다는 사실을 또다시 깊이 경험했습니다. 어떤 일이 있어도, 내 눈앞에 보이는 것이 아무것도 없어도 하나님을 의지하고 감사할 때 하나님께서 일하십니다.

네 길을 여호와께 맡기라 그를 의지하면 그가 이루시고 시 37:5

3
성령님의 나타나심이
내 삶의 새로운 기준이 되다

하나님의 노카운트

치유사역자로서 사역하던 초창기 어느 날이었습니다. 깊은 기도 가운데 내 자신의 과거를 되돌아보는 시간이 있었습니다.

유학을 마치고 귀국한 후 모교인 건국대학교에 부임한 1990년부터 7,8년 동안 내가 신앙적으로 가장 헌신했던 일은 바로 '창조과학'이었습니다. 창조과학회에서 귀한 신앙의 선배를 만나 교제하며 창조과학으로 하나님을 섬기는 것은 내 삶의 큰 보람이었습니다. 또한 교회에서 요청이 있기만 하면 열 일 제치고 강연을 다닐 만큼 열심이었습니다.

나는 하나님께 칭찬을 받을 요량으로 "주님, 제가 참 많은 일을 했죠?"라고 물었습니다. 그런데 마음 깊은 곳에서 "나는 그 일을 하나도

인정해줄 수 없다"라는 울림이 있었습니다. 나는 충격을 받았습니다. 내가 창조과학회 일에 열심을 낸 이유는 오직 한 가지, 하나님께 잘 보이기 위해서인데, 하나님께서 하나도 인정하지 않으신다니 나는 몹시 당황스러웠습니다.

'내가 유일하게 잘했다고 주님 앞에서 당당히 내세울 것이 이것밖에 없는데…. 설마 내가 잘못 들었겠지.'

나는 다시 한번 여쭤보았습니다. 하지만 주님은 동일하게 말씀하셨습니다. 나는 곧바로 "이유가 무엇입니까?"라고 되물었습니다.

"내 일이 아니라 너의 일이었기 때문이다. 너는 최선을 다했을지 모르지만 나는 구경만 했단다."

물론 창조과학회 사역은 분명 하나님께서 기뻐하시는 하나님의 일입니다. 문제는 내 육신의 행위로 하나님을 위해서 최선을 다하는 삶을 사는 것과 세상과 교회에서 다른 이들에게 인정받기를 바라는 마음으로 하는 일들을 하나님이 원치 않으신다는 것입니다.

나는 7,8년간의 투자에 대한 실패를 맛보고서야 이 말씀을 깨닫게 되었습니다.

> 내가 아버지 안에 거하고 아버지는 내 안에 계신 것을 네가 믿지 아니하느냐 내가 너희에게 이르는 말은 스스로 하는 것이 아니라 아버지께서 내 안에 계셔서 그의 일을 하시는 것이라 요 14:10

하나님께서 인정하시는 것!

그날 이후로 나는 "하나님을 위해서 내가 무엇을 할 수 있을까? 어떻게 해야 사람들에게 인정받을 수 있을까?"를 증명하는 삶에 대한 부담감을 서서히 내려놓게 되었습니다. 그리고 대신 "내 안에 계신 그리스도께서 그분의 일을 행하시도록 내가 무엇을 포기할까?"를 배우게 되었습니다. 내 안에 계신 그리스도께서 자신의 일을 행하시도록, 친히 자신의 통치를 나타내시도록 나를 내어드려야 하는 것을 배운 것입니다. 그것은 내가 죽고 내 자아를 내려놓고 포기하는 만큼 이루어집니다.

말로는 하나님의 영광을 위한다고 하면서, 실상은 내가 애써서 하나님을 위해 뭔가를 하는 것은 옳지 않습니다. 어떤 일이든 어떤 장소에 있든 간에, 그 과정 가운데 하나님이 나타나시도록 해야 합니다. 하나님께서 바로 그것을 인정하신다는 사실을 알게 되자 내 삶에 대전환이 일어나기 시작했습니다.

그 사건을 통해 나는 율법과 복음의 차이를 분명히 알게 되었고, 내 삶의 태도는 더 이상 세상에 묶이지 않게 되었습니다. 나의 조급함과 분노가 사라지게 된 결정적인 요인 중 하나가 바로 이때 깨달은 복음의 원리였습니다.

성령님을 만나기 전까지만 해도 나는 학교에서 매우 지독한 교수로 정평이 나 있었습니다. 대학원생들이 제대로 실험을 하지 못하거나 제때 끝내지 못하면 밥 먹을 자격도 없다고 닦달을 했습니다. 지금 생각해봐도, 그것은 정말 잘못된 말입니다. 하나님께서는 우리가 얼마만큼 많은 일을 했는지를 기준으로 우리를 평가하지 않으십니다.

사실 인간은 날 때부터 공평하게 태어나지는 않습니다. 누구는 좋은 부모 밑에서 태어나 넉넉하게 살지만, 또 다른 누군가는 시작 지점부터 삶의 수준이 다릅니다. 처음부터 많은 일을 할 수 있는 사람이 있고, 아무것도 없어서 작은 일조차 못하는 사람이 있습니다. 하지만 하나님은 결코 우리를 그런 관점으로 보지 않으십니다.

하나님의 평가 기준

육신적인 삶에 있어서는 출발점이 다 다를지라도 우리의 처지나 나이, 환경과 상관없이 예수 그리스도를 영접하는 순간, 그때부터 우리는 하나님으로부터 태어났고 전지전능하신 하나님 전부가 우리 안에 계시게 되는 것입니다. 따라서 그리스도인이 된 모든 사람의 출발점은 같아집니다. 하나님께서 우리를 평가하고 셈하시는 기준은 바로 이 출발점에서부터 시작됩니다.

그러면 그 기준은 무엇일까요? 그 기준은 "내 안에 계신 그리스도께서 나를 통해 얼마나 나타나시는가?" 하는 것입니다. 하나님께서는 바로 그 잣대로 평가하십니다.

내가 무엇을, 얼마나 하느냐가 평가의 기준이 아닙니다. 하나님은 하나님 자신의 통치를 원하시고, 우리를 통한 하나님의 나타나심을 원하십니다(이것이 바로 하나님나라의 뜻이기도 합니다). 우리가 하나님을 위해 무엇을 해드리는 것을 원하시는 것이 아닙니다.

그렇다면 나를 통해 성령님이 나타나신다는 것은 무슨 뜻일까요? 어떤 일을 할 때 내 계획과 내 뜻과 내 머리로 하는 것이 아니라 하나님의 임재가 그 일 가운데 나타나도록 하는 것입니다. 그것이 바로 성령님이 나타나시는 것입니다. 예를 들어, 어떤 모임을 하게 될 때 우리는 그 모임을 위해 이렇게 기도해야 합니다.

"주님의 영광이 이 모임에 임하였음을 선포합니다. 하나님의 나라가 이곳에 임했습니다. 이 모임의 모든 주관자는 하나님이십니다."

그렇게 하나님을 인정하고 성령님이 이곳에 계시며 내 생각을 주관하신다는 믿음을 가져야 합니다. 그럴 때 성령님께서 그의 뜻대로 역사하실 것입니다.

나 역시 치유사역자로서 하나님의 권능이 나를 통해 구체적으로 흐르게 하는 삶, 다른 말로 성령님이 나타나시는 삶을 살아야 합니다. 그것이 내 삶의 모든 영역에서 기초와 기준이 되어야 합니다. 하다못해 내가 사람들과 악수를 하고 어깨를 두드리며 격려하는 평범한 행동 하나까지도 하나님께서 친히 나타나시는 통로가 되어야 합니다. 내가 어떤 일을 하더라도 나를 통해 주님이 나타나셔야 합니다.

이제는 내 안에 계신 그리스도께서 나를 통해 나타나시는 것이 내 삶에서 가장 중요한 기준이 되었습니다. 어떤 일이든 주님에 의해 움직이고, 주님을 영화롭게 하는 일을 하려고 합니다. 이것이 나의 기준입니다.

> 그런즉 너희가 먹든지 마시든지 무엇을 하든지 다 하나님의 영광을 위하여 하라 고전 10:31

성령님이 나를 통해 나타나시는 것이 내 삶의 기준이 되면, 내 기준으로 일이 이루어지지 않는 것에 대해 조바심을 내지 않게 됩니다. 또 내가 보기에 아무리 좋은 것도 과감히 포기할 수 있습니다.

과거에 나는, 어떤 일을 정한 시간 내에 이루어내야만 하나님께 영광이 된다고 생각한 적이 있습니다. 그렇기 때문에 내 뜻대로 일이 되지 않더라도 포기할 수 없고 반드시 해내야 한다고 생각했습니다. 그것이 하나님의 영광을 위한 일이라고 믿었기 때문입니다.

그러나 지금은 그런 조바심이 없어졌습니다. 내가 무슨 일을 할 때 하나님께서 그 일에 개입하시는 것을 느낀다면, 비록 그 일이 내 뜻대로 안 되더라도 포기하기 쉬워집니다. 하나님이 개입하신 일이면 하나님이 개입하신 그 사실 하나만으로 하나님이 계수하시고 인정하시며 평가하신다는 것을 믿게 되었기 때문입니다.

하나님께서는 어떤 목적을 이루는 것보다 그 과정 가운데 하나님의 인도함을 받는 것을 카운트(count)하는 분이십니다. 할렐루야!

사역과 탈진의 상관관계

우리는 흔히 하나님의 은혜를 받아 그 힘으로 주님의 일을 한다고 말합니다. 하나님께서 주신 은사로 다른 사람을 섬긴다고 생각합니다. 그리고 그것을 '사역'이라고 말합니다. 하지만 사람과 세상을 위해 사역할 때, 하나님으로부터 공급을 받지 못하면 탈진할 수 있습니다. 개인적으로 나 역시 힘든 적이 많았습니다.

교회 안에서도 갑자기 큰 은혜를 받았다는 사람들이 봉사와 헌신에 앞장서서 주(主)의 일에 열심을 내는 것을 봅니다. 그러다가 얼마 가지 않아 탈진하는 모습도 꽤 보게 되는데, 왜냐하면 은혜는 받았지만 영적으로 성숙하지 못해 자신의 육신으로 최선을 다하기 때문입니다.

그럴 경우 자신이 헌신한 만큼 다른 사람이 헌신하지 않는 것을 볼 때 그런 사람을 비난하게 되고, 그로 인해 사람과 사람 사이가 벌어지고 사역을 할수록 기쁨이 넘치기보다 오히려 스스로 부담이 가중되어 결국 지쳐 쓰러지게 됩니다. 그래서 육신적으로만 헌신하면 교만해지기 쉽습니다.

흔히 어떤 일을 잘해내면 더 많은 일을 맡게 되는데, 이는 교회에서도 마찬가지입니다. 더 많은 일을 하다보면 자연히 더 무거운 짐을 지게 되고, 결국 자기에게 있는 것을 죄다 퍼내다 힘들고 지쳐서 그만두게 됩니다.

그것이 바로 성령님을 만나기 전에 나의 모습이었습니다. 그저 하나님께 잘 보이기 위해, 사람들에게 좋은 신앙인으로 인정받기 위해 더 많이, 더 열심히 노력했기 때문입니다. 결국은 나도 육체에 가시 같은 알레르기를 얻었으며 완전히 탈진하게 되었고, 모든 것을 포기하고 싶은 지경에 이르렀습니다.

하나님에 대한 사역을 먼저 하라

사역이라고 하면 흔히 사람에 대한 사역만을 생각하는데 그렇지 않습니다. 사역에는 두 가지가 있습니다. 바로 '사람에 대한 사역'과 '하나님에 대한 사역'입니다. 우리는 이 두 사역을 잘 구분해야 합니다.

'하나님에 대한 사역'(Ministry to God)이라는 말은 쉽게 말해서 하나님을 영화롭게 하는 것을 뜻합니다. 하나님을 영화롭게 할 때 하나님의 영광이 임하고, 하나님의 영광이 임할 때 하나님의 생명으로 충만해집니다. 그런 다음 그 생명의 충만함이 다른 사람에게 흘러 들어가도록 하는 것이 바로 진정한 '사람에 대한 사역'(Ministry to People)입니다. 그때 비로소 온전한 사역이 가능해지는 것입니다.

따라서 우리는 하나님에 대한 사역이 먼저라는 사실과 그 중요성을 깨달아야 합니다. 먼저 하나님께 받고 그것을 다른 사람에게 나누어야지, 자기가 노력하여 얻은 감동이나 하나님에 대해 연구하여 아는 지식 또는 헌신의 업적을 다른 사람에게 소개하는 것이 사역이라고 착각해서는 안 됩니다.

그러나 잘못된 생각을 바꾸기가 쉽지는 않습니다. 나 역시 하나님에 대한 사역을 이해하게 되기까지 오랜 시간이 필요했습니다. 성령님을 만나고 성령사역을 시작하기 전, 수년을 한결같이 내 인생 가운데는 골방에서 홀로 오랜 시간 하나님을 마주하며 기도하고 친밀히 교제하는 거룩한 낭비의 시간이 있었습니다.

그 시간들을 통해서 비로소 하나님과 친밀한 관계를 맺고, 하나님을 섬기고 하나님의 생명을 받을 뿐만 아니라 하나님의 영광의 생명을 하나님께 올려드리는 '하나님에 대한 사역'(Ministry to God)이 시작되었음을 고백합니다. 사람에 대한 사역이 아니라 하나님에 대한 사역이 내 삶의 기초가 되기 시작한 것입니다.

사람들을 위해 사역하려면 먼저 하나님으로부터 공급을 받아야 하기 때문에 하나님에 대한 사역이 반드시 선행되어야만 합니다.

하나님의 생명으로 충만해야 일할 수 있다

나는 지금도 내 심령으로 하나님을 영화롭게 하고 하나님을 송축하는 시간을 수시로 가집니다. 이것은 결코 일이 아닙니다. 어떤 율법적인 행위도 아닙니다. 하나님을 향한 사역입니다.

오직 주님이 하신 이 말씀을 따르는 것입니다.

> 네 마음을 다하고 목숨을 다하고 뜻을 다하고 힘을 다하여 주 너의 하나님을 사랑하라 막 12:30

> 여호와의 친밀하심이 그를 경외하는 자들에게 있음이여 그의 언약을 그들에게 보이시리로다 시 25:14

사람들은 하나님을 사랑하라는 말씀에 순종하기 위하여 자신이 하는 일과 행동을 통해 하나님에 대한 사랑을 나타내 보이려고 합니다.

하지만 그것은 옳은 방법이 아닙니다. 무슨 일을 하든지 간에 내 마음 속 깊은 곳에서 주님을 기뻐하고, 주님을 영화롭게 하며, 주님께 감사하는 마음을 갖는 것이 중요합니다.

바로 이 하나님에 대한 사역이 있어야만 나를 향한 그분의 사랑을 체험하게 되고, 하나님의 생명이 내게 충만해지고, 그 결과로 내 안에 충만해진 것을 다른 사람에게 전해줄 수 있게 됩니다.

따라서 우리가 이 관점에서 섬김의 의미를 제대로 알아야 합니다. 섬긴다고 할 때에는 자기에게 있는 것을 내주는 것이 아닙니다. 우리 안에 임하신 성령의 능력을 나타내 보이고 전달하는 통로가 되는 것, 그것이 진정한 섬김입니다. 그렇게 되려면 성령충만해야만 합니다.

우리가 다른 사람을 섬기기 위해 그 사람의 어려움이나 고난에 동참하는 것도 한 방법입니다. 하지만 궁극적으로는 내 안에 계신 하나님의 생명(예수님의 부활생명)이 그들에게도 똑같이 재생산되고 전이(轉移)되도록 하는 것이 그들을 섬기는 것이 됩니다. 그가 직접 하나님을 만나고 하나님의 생명 가운데서 일어서도록 하는 것이 진정한 섬김의 기초입니다.

> 또 비유를 들어 이르시되 천국은 마치 사람이 자기 밭에 갖다 심은 겨자씨 한 알 같으니 이는 모든 씨보다 작은 것이로되 자란 후에는 풀보다 커서 나무가 되매 공중의 새들이 와서 그 가지에 깃들이느니라 마 13:31,32

하나님으로 채워주소서

나의 경우 학교 일과 집회 사역을 병행하다보니 나도 모르게 사람에 대한 사역, 즉 사람을 섬기는 일에 치우치기 쉽습니다. 하나님으로부터 공급을 받기보다 집회를 위한 준비에 힘을 쏟을 때가 많고, 그럴 때 나의 관심은 하나님 앞에 머물러 있는 것이 아니라 사람에게 가 있기 때문에 아무리 신경을 써서 말씀을 준비한다고 해도 제대로 하기 어렵습니다.

예를 들어, 들어오는 물의 양은 1리터뿐인데 나가는 물의 양이 10리터가 되는 상황과 마찬가지입니다. 말라가는 샘에서 무작정 물을 퍼내기만 하면 나중에는 흙까지 퍼내는 것처럼, 하나님이 공급해주시는 생수가 없는 상황에서 내게 있는 것을 퍼주면 내 안에 있는 찌꺼기까지 퍼주는 문제가 발생합니다. 그러면 내게서 사람의 모습이 나타나지 하나님의 권능이 나타나겠습니까? 하나님의 역사 또한 나타나지 않습니다.

겉으로는 열심히 섬기는 것 같고 열심히 퍼주지만, 사람들은 만족하지 못합니다. 그럴 때는 왜 그런가 하고 자신을 돌아보아야 합니다. 그러면 그 사역이 자신의 인간적인 것들을 퍼준 것에 불과하다는 사실과 하나님에 대한 사역이 부족했다는 것을 깨닫게 될 것입니다. 그렇다면 다시금 하나님 앞으로 돌아와 회개하고 기도해야 합니다.

"하나님, 잘못했습니다. 하나님이 채워주시지 않으면 아무것도 할 수 없는데 하나님을 구하지 않았습니다. 오셔서 나를 채워주옵소서."

한편, 하나님으로 채워지지 않았을 때 사역을 하면 자기도 모르는 사이에 육신이 매우 힘들다는 것을 경험하게 됩니다. 각별히 이런 상황을 조심해야 합니다. 하지만 하나님과의 관계의 통로가 늘 충만하게 열려 있다면, 그것은 아무리 퍼주어도 끝없이 샘솟는 샘물과 같아서 몸도 마음도 가쁩합니다.

나아갈 때와 물러설 때

예수님은 얼마든지 더 많은 사람들을 고쳐주시고 더 많은 사역을 하실 수 있으셨는데, 왜 사역을 중단한 채 도망치듯 혼자서 한적한 곳으로 가셨는지 나도 이제는 알 것 같습니다.

> 수많은 무리가 말씀도 듣고 자기 병도 고침을 받고자 하여 모여오되 예수는 물러가사 한적한 곳에서 기도하시니라 눅 5:15,16

우리 주님 역시 하나님과의 사역을 소홀히 하는 잘못에 빠지지 않기 위해 그러셨으리라 생각합니다.

그런데 때로 열심히 하나님과 교제하고 하나님에 대한 사역 역시 충실히 감당한다고 생각했는데, 성령충만해지지 않을 때가 있습니다. 그런 경우에 하나님과의 교제에 어떤 문제가 없는지 돌아보아야만 합니다.

하나님만을 온전히 기뻐하며 경배하고 찬양했는지 돌아보십시오.

하나님께 나아가 기도하는 시간은 많았지만 기도의 내용이 모두 자신을 위해 구하는 것이거나 자기 문제의 해결에 관한 것이었다면 그것은 하나님에 대한 사역이라고 보기 어렵습니다.

하나님에 대한 사역은 온전히 하나님 중심이어야 합니다. 그래야 사람에 대한 사역에서도 균형 잡힌 능력이 나타납니다. 하나님에 대한 사역과 사람에 대한 사역 사이에 균형을 잡는 것이 중요합니다.

말씀치유집회를 인도하다보니 내게 개인적으로 기도해달라고 하는 분들이 정말 많습니다. 사정을 들어보면 모두 도움이 필요한 절실한 상황입니다. 치유사역을 하고 기도사역을 하는 장로라고 알려진 내가 그런 사람을 위해 기도해주지 않고 그를 돕지 않으면 나 역시 죄책감을 느끼게 되고, 기도를 부탁한 사람 역시 왜 자신을 도와주지 않는지 섭섭하게 생각할 수 있습니다.

그럴 때 인간적으로 묶이게 됩니다. 하지만 나는 그것조차 자기 의(義)가 될 수 있다는 사실을 잊지 않으려고 합니다. 아무리 기도 요청이 많더라도 내게 하나님에 대한 사역이 부족했다면, 혹은 탈진해 있다면, 사람에 대한 사역을 절제해야 합니다.

내 안에 샘솟는 무엇이 없는데 의무감 때문에 사람에게 퍼준다면 나 자신이 망하게 되는 수가 있습니다. 내게 없는 것을 주는 척하는 것은 자기 자신과 사람을 속이는 것입니다. 겉으로 하나님의 것을 흘려보내는 것처럼 시늉은 할 수 있지만, 결국 내 안에 냄새나는 더러운 것을 주는 것밖에 되지 않기 때문입니다.

따라서 사람에 대한 사역을 할 때 우리는 자유해야 하며 인간적인 묶임에서 벗어나야 합니다. 더 많은 일들을 할 수 있는 상황이라 해도 내 안에 샘이 차지 않았으면, 한 걸음 물러나 하나님에 대한 사역으로 돌아가야 합니다. 그것이 진정한 사역으로 가는 지름길입니다.

> 하나님이여 내 속에 정한 마음을 창조하시고 내 안에 정직한 영을 새롭게 하소서 나를 주 앞에서 쫓아내지 마시며 주의 성령을 내게서 거두지 마소서 주의 구원의 즐거움을 내게 회복시켜 주시고 자원하는 심령을 주사 나를 붙드소서 그리하면 내가 범죄자에게 주의 도를 가르치리니 죄인들이 주께 돌아오리이다 시 51:10-13

내가 그를 위하여 모든 것을 잃어버리고 배설물로 여김은
그리스도를 얻고 그 안에서 발견되려 함이니 _빌 3:8,9

2

WE EXPECT YOU, HOLYSPIRIT

내려놓을 때 채우시는
성령님

4
최고의 삶을 좇기 위해
포기한 것들

내 인생 최고를 찾아서

성령님께 사로잡히면 인간적인 나의 꿈(dream)을 좇는 인생이 아니라 하나님이 주신 비전(vision)을 좇아 사는 인생이 됩니다. 그런데 비전을 좇아가는 삶을 살기 위해서는 반드시 치러야 할 대가가 있습니다. 그것은 우리 삶에서 당연히 누릴 수 있는 기득권이나 권리를 포기하는 것입니다.

나는 지난 1998년에 인생의 하프타임을 가졌습니다. 1년간 안식년을 가진 것입니다. 당시 내 나이 40대 초반이었으니, 진정한 인생의 하프타임이었던 것이지요. 그때 나는 '내 인생의 후반부에 가장 중요한 것은 무엇일까? 하나님은 나를 어떻게 생각하실까?'를 깊이 묵상하기 시작했습니다.

그 시간을 통해서 나는 나의 인생에서 '최선의 것'을 붙잡아야 한다는 사실을 깨달았습니다. 인생을 살다 보면 '더 굿'(the Good, 하면 좋고 보람된 일)이 참 많습니다. 많은 사람들이 '더 굿' 때문에 정작 주어진 '더 베스트'(the Best, 내 인생에 주어진 가장 중요한 일)를 놓치는 경우가 많습니다. 나는 깊은 묵상 가운데 내 인생의 후반부에는 하나님이 나에게 주신 가장 중요한 일에 집중하고 전적으로 헌신해야겠다는 결론에 이르게 되었습니다. 따라서 내 인생에서 '더 베스트'가 무엇인지를 찾는 것이 매우 중요했습니다.

> 또한 모든 것을 해로 여김은 내 주 그리스도 예수를 아는 지식이 가장 고상하기 때문이라 내가 그를 위하여 모든 것을 잃어버리고 배설물로 여김은 그리스도를 얻고 그 안에서 발견되려 함이니 내가 가진 의는 율법에서 난 것이 아니요 오직 그리스도를 믿음으로 말미암은 것이니 곧 믿음으로 하나님께로부터 난 의라 빌 3:8,9

그러는 가운데 1999년 일생일대의 변혁이 찾아왔습니다. 단순히 성령체험의 경험을 한 것이 아니라 내가 성령님을 직접 만나고 동행하게 된 것입니다. 내 의사와 상관없이 온누리교회 내적치유위원회 팀장에 임명되어 봉사하면서 나는 내면의 상처를 치유받았으며, 나와 함께하시는 성령님을 알게 되었습니다. 그리고 성령님의 인도함 받는 삶을 살기 시작했습니다.

그때부터 하나님께서 주신 비전을 따라 성령님의 인도함을 받아 사람을 살리는 것이야말로 '더 베스트의 삶'을 사는 것임을 알게 되었습니다. 아울러 '더 베스트'가 아니라면 그 나머지는 내 인생에서 과감히 포기해야 한다는 사실도 깨달았습니다. 무엇보다 내 꿈이 아니라 하나님께서 주신 비전을 수행해야 했기 때문입니다. 그러나 포기는 내 의지로 되지 않습니다. 오직 성령님이 내 안에 계실 때에만 가능합니다.

포기하는 삶의 기준

만약 우리에게 세상에서 더 높은 지위에 오를 수 있는 혹은 더 좋은 무언가를 차지할 수 있는 기회가 찾아온다면 우리는 어떤 기준으로 그것을 받아들이거나 또는 포기할 수 있을까요? 우리가 그리스도인으로서 포기해야 할 것들을 포기하는 삶을 살려고 할 때 마땅한 기준이 있다는 것을 알아야 합니다.

나는 다음 세 가지를 내 삶에서 '더 베스트'를 추구하기 위한 내 마음의 기초로 삼았습니다.

첫째, 나는 세상과 사람이 보기에 '좋은 일'(the Good)을 하는 것이 아니라 하나님이 원하시는 '최고의 일'(the Best)만 한다.

둘째, 나는 세상의 영향을 받는 자가 아니라 세상을 하나님나라로 변화시키는 자이다.

셋째, 나는 주님의 일을 행하는 데 어떤 타협도 묶임도 허용하지 않는다. 나는 세상으로부터 자유롭다.

이 세 가지에 기초한 삶을 살고자 한다면 반드시 포기해야 할 것이 생깁니다. 따라서 이 세 가지가 내가 '더 베스트'의 삶을 살아가기 위해 어떤 것을 포기해야 할지 결정하는 삶의 기준이 되었습니다.

인생은 한 번뿐입니다. 오직 한 번뿐이기 때문에 모두들 최선을 다해 살아가고자 합니다. 예수님을 알기 전에도 나는 인간적으로 최선을 다하는 삶을 살았습니다.

하지만 참 자유가 없었습니다. 오히려 세상에 더 묶여갔습니다. 세상에서 뭔가를 더 추구할수록, 더 많은 것을 이룰수록 내 인생은 점점 더 세상에 묶이는 삶이 되고 말았습니다. 처음에는 어떤 일을 하고 그 분야를 정복하면 자유로워질 거라고 생각했습니다. 하지만 그렇지 않았습니다. 오히려 더 많은 명예와 부를 얻을수록, 사람들의 인정을 더 많이 받을수록 거기에 매이는 내 모습을 볼 수 있었습니다. 수고할수록 자유롭고 가벼워지는 것이 아니라 수고할수록 무거운 짐을 지게 되는 것입니다.

> 수고하고 무거운 짐 진 자들아 다 내게로 오라 내가 너희를 쉬게 하리라 마 11:28

그렇기 때문에 세상의 눈으로 보기에 좋은 것이 내 인생에서 정말 좋은 것만은 아닙니다. 그것이 내게 '더 베스트'가 아닐 수도 있다는 말입니다. 살다보면 인간적인 눈으로 보기에 좋은 일이 분명히 있습니다. 그러나 그것이 아무리 좋아 보여도 하나님께서 주신 '더 베스트'인지 신중히 분별해야 합니다. 우리는 '더 굿'이 아니라 '더 베스트'를 찾는 삶을 살아야 합니다. 기도로 하나님이 주신 최고의 것을 찾아야 합니다.

최고의 일을 위한 선택과 포기

내 안에 성령님이 오신 후 나는 내 인생의 최고가 무엇인지 새롭게 찾기 시작했습니다. 그래서 내게 어떤 기회가 주어졌을 때, 그것이 아무리 내게 유익한 것일지라도 성령님이 주시는 '더 베스트'가 아니라면, 혹은 이미 받은 '더 베스트'를 유지하는 데 방해되는 것이라면 과감히 포기하고자 합니다.

이 기준에 따라서 인간적으로는 너무나 아까운 기회를 포기한 적이 몇 차례 있습니다. 나는 대학 교수입니다. 교수로서 가장 큰 명예는 훌륭한 연구 성과를 내는 것과 학회에서 지도력과 영향력을 가지고 활동하는 것 그리고 학생들을 잘 가르치는 것입니다. 언젠가 내게 원예학회 원예과학기술지 편집장을 맡아달라는 제의가 들어왔습니다. 학회지 편집장은 학회의 꽃이라 불리는 자리로, 그 자리에 선임된다는 것은 교수에게 주어지는 영예(榮譽)입니다.

하지만 그 일을 수락하면 하나님께서 내게 맡기신 일을 감당하는 데 지장이 생길 것 같았습니다. 이 일을 놓고 주님께 기도했을 때 주님이 주시는 마음은 세상의 일보다 하나님께서 주신 일에 먼저 충성하는 것이었습니다. 그래서 부득불 거절할 수밖에 없었습니다. 세상의 눈으로 보기에는 어리석은 포기처럼 보이지만, 하늘의 눈으로 보면 '좋은 것'을 포기하고 '최고의 일'을 붙든 현명한 선택이며, 육신의 생각이 아닌 영(靈)의 인도함을 받는 삶이라 믿습니다.

세상의 영향을 받지 않기 위한 구별

우리는 살아가는 동안 세상을 벗어날 수 없습니다. 세상과 무관한 삶을 살 수 없으니 어쩔 수 없이 세상의 영향을 받으며 살아갑니다. 그러나 그리스도인이 세상과 더불어 살면서 세상에 유익을 끼치는 삶을 살아야 한다는 관점에서 보자면, 우리는 세상의 영향을 받는 것이 아니라 세상에 영향을 끼쳐 세상을 하나님나라로 변화시키는 삶을 살아야 합니다. 그러자면 우리는 세상 사람들로부터 분리되는 것이 아니라 그들과 어울려야 합니다.

그러나 때때로 세상의 영향을 받지 않기 위해 세상 사람과 함께 어울리지 않도록 감동을 주실 때도 있습니다. 항상 그런 것은 아니지만 멍에를 함께 메지 말아야 할 사람들과 시시비비를 따져가며 함께 일하는 것을 원하지 않으실 때도 있다는 말입니다. 하나님의 일을 해나가기 위해 세상 사람들과 어울려야 하지만, 그 사람들 때문에 세상의 영향을 받게 된다면 그때는 그들과 같은 멍에를 메지 않는 편이 낫습니다.

한번은 내가 수억 원의 연구비가 책정된 프로젝트의 총책임을 맡게 된 적이 있습니다. 그렇지만 프로젝트가 확정되기까지는 우여곡절이 많았습니다. 그 연구는 주관부서와 1년간의 공동연구 결과로 추진되는 새로운 과제였는데, 다른 대학 교수들이 내가 단독으로 그 프로젝트를 진행하는 데 불만을 품어 주관부서에 항의하는 일이 일어난 것입니다. 결국 주관부서에서 생각해낸 방편이 프로젝트의 규모를 확대하여 다른 교수들을 참여시키는 것이었습니다. 물론 여전히 내가 총책임자였지만 다른 교수들과 책임을 나누게 된 것입니다.

그런데 아무리 기도해도 내 마음에 평안이 임하지 않았습니다. 그분들과 공동으로 연구하다보면 하나님과 동행하며 그분을 기쁘시게 연구를 진행하는 데 어려움이 생길 것 같았습니다. 인간적인 욕심으로는 그 프로젝트를 해야만 이 분야에서 큰 성과를 이룰 수 있고, 앞으로 더 큰 일들을 할 수 있게 됩니다.

나는 한동안 고민하며 기도했습니다. 기도하는 가운데 하나님께서는 내 마음에 주님의 일에 더욱 힘쓰라는 감동을 주셨고, 이 일로 어떤 불이익도 없으리라는 평안한 마음을 허락해주셨습니다. 결국 프로젝트가 결정되고 두 달이 지났을 무렵 아직 예산 집행이 이뤄지지 않은 시점에서 나는 일신상의 이유로 그 프로젝트를 진행할 수 없겠다고 말했습니다.

주관부서 관계자는 이제껏 이런 예가 없었다면서 깜짝 놀랐습니다. 수 억 원의 예산이 책정된 프로젝트의 책임자가 시작도 하기 전에 포기한다는 건 있을 수 없는 일이었기 때문입니다. 만약 이 연구를 포기하면 앞으로 3년간 다른 연구기관에서도 연구비를 지원받지 못하도록 하겠다며 어르기도 달래기도 했지만 나는 기도 가운데 주신 주님의 응답을 믿고 끝까지 마음을 지켰습니다.

하나님을 알지 못하는 자들과 함께해야 할 때도 있지만, 하나님께 기도하면서 받은 감동은 이번 경우에는 세상 사람들과 함께하여 하나님이 주시는 평강과 기쁨을 잃어버릴 것 같았기 때문입니다. 결국 내가 그 일을 포기하고 그래서 다른 교수들에게 오히려 그 복이 흘러가게 되었으니 잘된 일입니다.

이 원리는 주님의 일을 할 때에도 비슷하게 적용해볼 수 있습니다. 비록 하나님을 믿는 사람이라 해도 성령님의 인도하심을 받은 믿음이 아니라면 멍에를 함께 메지 않는 것이 좋다는 것을 나는 여러 차례 경험했습니다.

세상에 묶이지 않는 삶

나는 주님의 일을 해나가는 데 있어서 세상과 어떤 타협도 하고 싶지 않습니다. 통치자들과 권세들과 이 어둠의 세상 주관자들과 하늘에 있는 악의 영들이 지배하는 세상에 대해 자유롭고 싶습니다(엡 6:12 참조). 하나님의 뜻이라면 세상의 눈치를 보지 않고 하고 싶은 말을 하고, 세상에 묶이지 않는 삶을 살고 싶습니다. 이것이 성령님을 만난 후에 나타난 내 마음의 변화입니다. 진리가 자유롭게 할 것이라는 말쏨처럼 나는 자유로운 삶을 살고 싶습니다.

> 진리를 알지니 진리가 너희를 자유롭게 하리라 요 8:32

특히 하나님의 사역을 하면서 어떤 것으로도 성령님을 제한하지 않도록 순간순간 모험하는 심정으로 살아왔습니다. 그렇게 했을 때 하나님께서는 그런 나의 결단으로 인해 어떤 피해나 어려움도 겪지 않게 하셨으며 오히려 모든 일에 더 놀라운 은혜를 베풀어주셨습니다.

그렇습니다. 내가 하나님의 큰 은혜를 입을 수 있었던 것은 세상에 끌려 다니는 삶이 아니라 세상을 하나님나라로 변화시키는 삶을 살겠다고 결단했기 때문입니다. 그렇게 살아갈 때 세상이 나를 결코 묶을 수 없다는 것을 체험했습니다.

내가 세상일에 매달리면 명예를 추구하게 될 것이고 더 많은 업적을 자랑하려고 애쓸 것입니다. 그러나 세상이 추구하는 성공의 가치와 반대되는 삶을 살면 하나님의 영향력을 더 많이 끼칠 수 있게 됩니다. 세상의 자랑이 아니라 하늘 아버지의 자랑이 내 손에 더 많이 들리게 될 것입니다.

하나님의 일을 먼저 하라

하나님께 온전히 전념하기 위해서는 마땅히 누려야 할 것들을 포기하는 법도 배워야 합니다. 그러나 우리가 우리 삶에서 크든 작든 명예를 포기하는 것은 결코 쉬운 일이 아닙니다. 나의 경우를 돌아보면, 늘 하나님 보시기에 올바른 결정을 내리지 못하고 한참 동안 양가감정(兩價感情, 반대되는 두 가지 생각에서 오는 혼란스러운 감정)을 가진 채 방황했던 것 같습니다. 그런데도 하나님께서는 기도 가운데 내 마음을 변화시켜주셨습니다.

2005년, 안식년을 보내기 위해 미국에 머물러 있을 때였습니다. 나는 1999년에 이어 2005년에 의미 있는 안식년을 한 번 더 가졌습니다. 그 당시 나와 아내는 하나님께서 우리에게 주신 소명을 확인하기 위해 몸부림치며 기도하고 있었습니다.

4년마다 열리는 국제원예학회가 2006년 서울 아셈센터에서 개최되는데, 내가 원예치료분과위원장을 맡게 되었습니다. 그런데 그 준비를 하다보면 하나님과 독대하며 기도하는 시간을 갖는 데 분명 어려움이 있을 것 같았습니다. 이 문제를 어떻게 해야 하는지 하나님께 깊이 기도하는 가운데 나는 하나님과의 교제를 뒤로 한 채 이 일을 맡는 것을 주님이 원치 않으신다는 마음의 감동을 받았습니다. 그래서 포기할 수밖에 없었습니다.

안식년 중 대학 총장님으로부터 처장 보직 발령을 내겠으니 돌아오라는 연락을 받았지만 그 역시 정중히 거절했습니다. 왜냐하면 아직까지 하나님으로부터 내 인생의 목적과 부르심에 대한 답을 얻지 못했기 때문입니다. 미국에 머물며 계속 기도하다가 참석하게 된 대규모 집회에서, 하나님께서 나와 아내를 치유사역자로 부르셨다는 사실을 확인받게 되었으며, 그 일이 있은 지 두 달 후에 하나님께서는 내게 한 번도 생각해본 적이 없던 책(기름부으심이 넘치는 치유와 권능)을 쓰도록 강권적으로 나를 이끄셨습니다.

그 책에 매달리다보니 막상 안식년을 마치고 학교로 돌아가 제출해야 할 원예치료에 관련한 책을 쓰지 못했습니다. 결국 그 책은 안식년을 마치고 돌아온 이듬해인 2007년에 집필하여 학교에 제출했습니다. 그런데 참 재미있고 놀라운 일은 그 책이 2007년도 문화관광부 우수학술도서로 선정되어 정부에서 대량 구입하여 전국 도서관과 유관 기관에 비치했다는 것입니다. 나는 하나님의 일을 우선순위에 두었을 때 하나님께서 더 큰 복을 주신다는 사실을 경험했습니다.

나의 길을 내려놓고 십자가의 길 따르기

2008년, 본격적으로 헤븐리터치 미니스트리(HTM)를 이끌어가게 되자 사실상 연구와 교육 그리고 사역을 병행하기가 더욱 어려워졌습니다. 왜냐하면 이 사역은 말씀을 준비한다고 되는 것이 아니라 하나님과의 깊은 교제가 반드시 필요하기 때문입니다. 사역이 커질수록 사역과 연구를 병행하기가 불가능했고, 가끔씩 다른 동료 교수가 큰 프로젝트를 맡게 되었다는 소식을 들을 때면 나는 주님이 들으실 것을 기대하며 이렇게 혼잣말을 중얼거립니다.

"주님, 저도 할 수 있는데요…."

교수라면 마땅히 교육과 연구를 통해 하나님의 영광을 드러내야 합니다. 그런데 지금으로서는 학생을 많이 받을 수 없습니다. 왜냐하면 연구비를 마련해주어야 하는데 그렇지 못하기 때문입니다. 그렇더라도 실험실을 운영하기 위해서는 연구 과제를 해야만 합니다.

우리는 2008년에 국책 사업으로 농업 관련 13개 사업단을 공모하는 중 한 사업단의 세부 과제를 신청하여 3년간 프로젝트를 수행하게 되었습니다. 1년의 연구를 마친 뒤 평가를 받았는데 13개 사업단 중에서 우리 사업단이 1등을 했고, 또 우리 사업단의 총 12개 과제 중 내가 맡은 과제가 1등을 했습니다. 그래서 2년 차에 연구비가 두 배로 증액되었습니다. 그런데 문제는 그 연구를 본격적으로 하기 위해 더 많은 시간을 연구에 할애해야만 했고, 그러면 지금 하는 사역에 지장을 초래할 것 같았습니다. 나는 기도하고 고심한 끝에 사업단에는 대단히 미안한 일이지만 그 일을 포기하기로 했습니다.

최근까지 나는 (사)한국인간식물환경학회의 수석부회장으로 있었습니다. 현 회장의 임기가 끝나면 자동으로 차기 학회장이 되겠지만, 이 일 역시 기도한 끝에 지금의 사역을 온전히 수행하기 위해서 내려놓았습니다. 하나님께서는 말씀에 온전히 따르는 나의 순종을 보기 원하시는 것 같았습니다.

이런 일이 생길 때마다 사람들은 나를 이해하지 못합니다. 그렇다고 하나님 때문에 포기했노라 일일이 말할 수도 없고 사람들이 뭐라 생각하든지 다른 변명 없이 내려놓을 뿐입니다.

사실 처음에는 포기하기가 무척 힘들었습니다. 좋은 기회를 포기할 때, 내 안에는 큰 두려움이 있었습니다. 내 명예와 업적은 물론 심지어 사회생활까지 다 끊어질 수 있기 때문입니다. 그렇지만 하나님께서 주신 세 가지 기준에 비추어보아 하나님의 일에 방해가 된다고 생각될 때에는 과감히 포기합니다. 왜냐하면 십자가의 도(道)를 따르고자 했기 때문입니다.

> 이에 예수께서 제자들에게 이르시되 누구든지 나를 따라오려거든 자기를 부인하고 자기 십자가를 지고 나를 따를 것이니라 마 16:24

최고의 성실로 하라

그런데 나의 이런 사례가 자칫 청년들에게 "예수 믿으면 세상일에는 좀 불성실해도 된다"라는 식으로 받아들여질까봐 조심스럽습니다. 하지만 절대 그래서는 안 됩니다. 우리는 예수님을 믿기 때문에 충성해야 합니다. 직장 일이나 사업이 하나님의 뜻에 위배되지 않는 한 그 일을 맡은 사람으로서 최선을 다해야 합니다.

나의 경우에는 어떤 기회가 주어질 때마다 기도하고 또 그것을 포기하는 것이 하나님의 뜻이라는 감동을 받았기 때문에 그렇게 한 것입니다. 가장 좋은 것은 자신의 일터와 삶터에서 자신의 전공을 가지고 하나님의 영광을 드러내는 것입니다. 다만 어떤 일이 인간적인 관점에서 아무리 좋더라도, 하나님이 주신 최고의 소명을 가로막는다면 과감히 포기할 수 있어야 하는 것입니다.

그동안 나는 건국대학교에서 연구 업적으로 학술상을 받은 적도 있고, 단과대학 학장을 역임했으며, 지금은 농축대학원장 직을 맡고 있습니다. 그 일을 맡을 때마다 줄곧 하나님의 인도하심을 따랐으며 교수로서 학교에서 주어진 상황 가운데 최선을 다해 일했습니다. 성경은 세상일에 묶이지 말고 자유하라고 가르치지 등한히 하라고 가르치지 않습니다.

> 종들아 모든 일에 육신의 상전들에게 순종하되 사람을 기쁘게 하는 자와 같이 눈가림만 하지 말고 오직 주를 두려워하여 성실한 마음으로 하라 무슨 일을 하든지 마음을 다하여 주께 하듯 하고 사람에게 하듯 하지 말라 골 3:22,23

우리는 그리스도인으로서 맡은 일을 누구보다 충성스럽게 감당해야 합니다. 포기하라는 것은 결코 세상일을 등한히 하라는 말이 아닙니다. 우리는 무슨 일을 하든지 나 자신을 위해 하는 것이 아니요 하나님의 영광을 위해서 하고, 또 나의 유익이 아닌 하나님의 일을 선택하는 삶을 살아야 합니다.

5
오직 성령님을 의지해야
하나님의 비전을 이룬다

하나님이 주신 비전을 가졌는가?

도심 한가운데 치유센터(Healing Center)를 세우는 것은 나의 오랜 기도제목이었지만, 나만의 꿈(dream)만은 아니었습니다. 그것은 분명 하나님께서 주신 비전(vision)이었습니다.

말씀치유집회에 참석한 분들은 나 또는 HTM 스태프들로부터 직접 기도를 받기 원합니다. 그러나 시간상 일일이 다 기도해줄 수 없을 때 나 역시 참으로 안타까운 심정이 듭니다. 특히 몸과 마음에 위중한 질병을 안고 집회에 참석한 분들을 볼 때마다 좀 더 오래 기도해줄 수 없는 상황 앞에 마음이 무너질 때가 있습니다. 그 영혼들의 고통을 보시며 함께 아파하시는 하나님의 고통이 느껴지기 때문입니다. 나는 탄식하듯 하나님께 기도했습니다.

"하나님, 이 사람들을 내가 어떻게 지속적으로 도울 수 있을까요?"

이 기도는 헤븐리터치 미니스트리(HTM)가 만들어지기 전부터 시작되었습니다. 이 기도가 결국 서울 시내에 1천 명에 달하는 인원을 수용할 수 있는 치유센터에 대한 비전으로 자리 잡게 되었습니다. 도움이 필요한 사람이라면 누구라도 언제든지 찾아와서 지속적인 도움을 받을 수 있고, 하나님을 찬양하고 경배할 수 있는 그런 장소 말입니다.

처음 이 비전을 받았을 때는 사실 말도 안 되는 꿈에 지나지 않아 보였습니다. 현실적으로 가능할 것 같지 않았기 때문입니다. 그러나 하나님께서 주신 비전은 하나님께서 이루어가십니다. 내 꿈이 아닌 하나님의 비전을 붙잡을 때 불가능할 것처럼 보이던 일들이 눈앞의 현실로 나타납니다.

헤븐리터치 미니스트리(HTM) 사역의 발자취는 우리에게 비전을 품게 하시고 그 비전대로 인도하신 성령님의 이끄심의 흔적입니다. 《고맙습니다 성령님》 출간 이후 헤븐리터치 사역은 본격화되었습니다. 그리고 비록 우리가 세운 우리 건물은 아니지만 불과 3,4년 만에 HTM 센터가 서울 도심 한가운데 자리 잡게 되었으니, 이런 일이 어떻게 사람의 계획과 능력으로 가능하겠습니까? 오직 하나님의 계획하심과 인도하심에 따른 결과입니다.

헤븐리터치의 발자취를 더듬으며 성령님의 인도하심에 대해 깊이 묵상하는 가운데, 나는 하나님께서 주시는 영적 교훈과 영적 원리를 발견할 수 있었습니다.

그것은 "사람의 꿈(dream)과 하나님이 주신 비전(vision)을 구별하여 하나님의 비전을 좇아야 한다"는 것이며, "모든 것이 합력하여 선을 이루느니라"(롬 8:28)고 하신 말씀의 원리입니다.

'드림'을 내려놓고 '비전'을 붙잡아라

사람에게는 누구나 꿈이 있습니다. 흔히 '꿈'이라고 할 때는 대부분 자기 유익을 위해 무엇을 하고 싶거나 무엇이 되고 싶다는 '희망사항'을 말합니다.

하나님을 믿는 사람들이 하나님나라를 위해 품었다는 비전(vision) 역시 자세히 살펴보면 자기 능력으로 무엇을 해보겠다는 꿈(dream)인 경우가 많습니다. 대개 '내가 가진 재능이나 전문 분야를 통해 하나님을 위해서 무엇을 할 수 있는가?' 하는 차원입니다.

이런 꿈(dream)을 가진 사람은 자신이 하나님을 위해서 무엇을 할 수 있을까를 증명하는 삶을 살게 됩니다. 다시 말해, 사람의 꿈은 자기 자신과 자기 능력, 곧 자신의 경험과 생각과 재능으로 하나님을 위해 무엇을 해보겠다는 포부를 말합니다. 사람은 누구나 꿈을 품을 수 있습니다. 때로는 그 꿈을 이루기도 합니다. 하지만 그 꿈이란 결국 인간이 할 수 있는 일에 불과합니다.

그렇지만 비전(vision)은 다릅니다. 비전이란 자기의 소유나 재능과 상관없이 '성령님에 의해, 성령님 안에서, 성령님이 부어주시는 생각대로' 그려보는 것을 말합니다. 우리가 성령님 안에 있으면 하나님께서는 때로 우리가 인간적인 마음으로 품었던 꿈도 비전으로 바꾸어주십니다. 처음에는 나의 꿈인 줄 알았는데 그것을 비전으로 변화시켜주신다는 뜻입니다.

비록 목표와 결과가 동일해 보여도 그 출발점이 전혀 다르다는 것만큼은 분명합니다. 꿈을 좇는 사람은 그 방향과 과정과 수단이 모두 '나'에서부터 출발합니다.

그러나 비전을 따르는 사람은 내가 아닌 오직 성령님만을 따르고 의지합니다. 말하자면 어떤 뜻을 위해 나의 의지와 능력을 사용한다면 꿈을 가진 것이고, 나는 죽고 온전히 성령님만 의지한다면 비전을 품은 것입니다. 이렇게 품은 비전은 성령 안에서 믿어지게 되고 마침내 기도 안에서 실상과 증거가 되는 것입니다.

믿음은 바라는 것들의 실상이요 보이지 않는 것들의 증거니 히 11:1

비전이 있는 사람만이 하나님으로부터 부여받은 임무, 즉 하나님께서 주신 사명을 향해 전진해 나갈 수 있습니다. 내가 하는 것이 아니라 오직 하나님께서 하실 일에 나는 그저 순종하는 것뿐입니다.

하나님이 주신 비전을 가진 사람은 "내가 하나님을 위해서 무엇을 할 수 있을까요?"라고 묻지 않습니다. 비전의 목적이 곧 하나님이 나를 통해 하시려는 일들을 보여주는 것이기 때문에 "어떻게 하면 성령님이 나를 통해 일을 행하게 하실까요?"라고 질문하게 됩니다. 나는 죽고 내 안에 사시는 하나님의 아들을 믿는 믿음으로 살기 때문입니다. 이것이 비전을 가진 사람의 특징입니다.

> 내가 그리스도와 함께 십자가에 못 박혔나니 그린즉 이제는 내가 사는 것이 아니요 오직 내 안에 그리스도께서 사시는 것이라 이제 내가 육체 가운데 사는 것은 나를 사랑하사 나를 위하여 자기 자신을 버리신 하나님의 아들을 믿는 믿음 안에서 사는 것이라

갈 2:20

비전을 가진 사람

많은 사람이 꿈을 꾸고, 그 꿈을 이루기 위해 자신이 가진 모든 것을 동원하여 애쓰고 수고합니다. 그러나 그 꿈을 제대로 성취하는 사람은 그리 많지 않습니다. 꿈을 이루기 위해 엄청난 노력을 기울이지만 대부분 제풀에 지쳐버리고 맙니다.

그러나 비전을 가진 사람은 자신이 가진 것으로 비전을 이루려고 하지 않습니다. 그저 성령님을 따라 움직일 뿐입니다. 나는 죽고 오직 나를 통해서 나타내시는 하나님의 권능과 그분의 인도하심만 따라 나아가기 때문입니다.

그래서 비전을 품은 사람은 비전이 바뀌거나 처음의 열정이 식지 않습니다. 열매를 맺기까지 시간이 아무리 오래 걸릴지라도 포기하지 않고 계속해서 나아갑니다. 꿈은 자신의 가진 것을 다 동원하여 이용

하기 때문에 소진하고 지칠 수 있지만, 비전은 오직 믿음에 의해서 움직이기 때문입니다.

우리가 믿음으로 움직일 때 하나님께서는 순간순간 사인(sign)을 보여주시고 길을 인도하시며 개입하십니다. 그러므로 비전을 가질 때라야 그 비전 때문에 하나님이 우리를 이끌고 가시는 소명이 무엇인지 알게 되며, 그 소명을 실질적으로 이루어나갈 수 있습니다.

헤븐리터치가 걸어온 길도 결코 인간적인 꿈을 좇은 길이 아니었습니다. 우리는 사람의 능력과 사람의 지식으로는 결코 갈 수 없는 길을 걸어왔습니다. 모든 것이 성령님의 은혜요 인도하심이었습니다. 막다른 길에 선 것처럼 보일 때에도 성령님께서는 우리가 믿음으로 나아갈 때 순간순간 사인을 통해 길을 열어 보여주셨습니다. 그것은 우리가 보겠다고 해서 볼 수 있는 길이 아닙니다. 성령님의 은혜가 아니고서는 결코 볼 수 없는 길이었습니다. 우리가 품은 것이 꿈이 아니라 비전이었기 때문입니다.

그 과정 가운데 하나님께서는 성령에 사로잡힌 자들이 함께 연합하도록 하셨습니다. 꿈을 좇는 사람들이 아니라 비전을 좇아가는 사람들이었기에 합력하여 선(善)을 이룰 수 있었습니다. 꿈을 좇는 사람은 사람을 보지만 비전을 좇는 사람은 하나님을 바라보기 때문입니다.

우리가 선한목자교회로 집회 장소를 옮겨갈 때, 그리고 HTM 센터를 마련하기까지 모든 과정 속에서 하나님은 그 걸음을 인도하셨습니다. 사람의 마음으로는 다른 계획을 세웠을지 몰라도, 그 걸음을 인도하시는 분은 오직 여호와 하나님이시라는 사실을 다시 한번 깨닫게 됩니다.

> 마음의 경영은 사람에게 있어도 말의 응답은 여호와께로부터 나오느니라 잠 16:1

성령 안에서 합력하여 선을 이루는 역사

헤븐리터치 스태프들의 헌신이 아니었다면 HTM은 사역 단체로서 면모를 갖출 수 없었을 것입니다. 그렇게 할 수 있었던 이유는 바로 성령 안에서 모두 합력했기 때문입니다. 하나님께서 한 성령님 안에서 하나 되게 하셨고, 그랬기 때문에 모두가 자기 일처럼 HTM 사역을 감당한 것입니다.

> 우리가 알거니와 하나님을 사랑하는 자 곧 그의 뜻대로 부르심을 입은 자들에게는 모든 것이 합력하여 선을 이루느니라 롬 8:28

이 말씀은 우리가 너무나 잘 알고 있는 말씀입니다. 그런데 이 말씀에서 '합력'(合力)이라는 단어의 뜻은 세상의 경영학이나 인간관계론에서 말하는 것과는 다릅니다. 즉, 인간적인 협력을 통한 시너지 효과를 뜻하는 말이 아닙니다. 성경이 말하는 합력이란, 하나님께서 우리로 하여금 오직 한 분이신 성령님을 동일하게 만나게 하시고, 그 성령님께 사로잡힌 자들이 각자의 위치와 역할에 대해서 성령님의 각기 다른 인도하심을 따르게 하신다는 뜻입니다.

헤븐리터치 사역을 시작할 때, 우리에게 돈이 있었던 것이 아니었습니다. 그렇다고 배경이 좋았던 것도 아닙니다. 우리가 가진 것은 오직 비전뿐이었습니다. 그렇지만 성령께 사로잡힌 자들이 사람을 보지 않고 예수 그리스도를 보았으며, 오직 동일한 비전을 바라보며 합력하였기에 이 사역이 가능했던 것입니다.

합력하여 선을 이루려면 성령님이 주시는 동일한 비전을 한마음으로 좇아야 합니다. 나는 이 사실을 다시 한번 확인할 수 있었습니다.

성령 안에서 하나 되는 HTM

헤븐리터치가 설립되는 과정에서 모든 스태프가 하나님나라의 복음을 전한다는 하나의 비전 아래 한마음으로 합력하자 우리 가운데서 실로 사도행전적인 역사가 나타나기 시작했습니다.

> 빌기를 다하매 모인 곳이 진동하더니 무리가 다 성령이 충만하여 담대히 하나님의 말씀을 전하니라 믿는 무리가 한마음과 한 뜻이 되어 모든 물건을 서로 통용하고 자기 재물을 조금이라도 자기 것이라 하는 이가 하나도 없더라 행 4:31,32

초대교회 공동체가 성령의 충만함을 받은 후 그들에게 가장 먼저 일어난 변화는 크게 두 가지로 요약됩니다. 첫째는 담대히 하나님의 말씀을 전했다는 것이고, 둘째는 사람들이 자기 소유를 자기 것이라 하지 않고 모든 물건을 통용한 것이었습니다.

마치 초대교회 당시 그랬던 것처럼, 한 성령을 받은 HTM 스태프들 모두가 성령 안에서 하나처럼 움직이는 것을 보게 되었습니다. 특히 월요말씀치유집회를 더 이상 온누리교회에서 할 수 없게 되어 집회 장소를 선한목자교회로 옮기게 되기까지 스태프들의 각별한 기도와 헌신이 있었습니다.

하나님의 예비하심 가운데 선한목자교회에서 집회를 계속하게 되었지만, 외부 장소를 빌려 사용해야 한다는 마음의 부담과 매주 장소 사용료를 어떻게 감당할지 고민하지 않을 수 없었고, 그래서 부득불 집회 중 공식적인 헌금 시간을 갖기로 했습니다.

과연 매주 임대료를 내면서 집회를 계속할 수 있을지 인간적인 염려를 하던 중 선한목자교회에서 하는 첫 집회 임대료는 규장 출판사의 여진구 대표가 헌금해주었습니다. 그것은 마치 마중물과 같았고 이어서 동역자이신 한 장로님이 두 번째 임대료를 헌금해주었습니다.

우리는 자기 소유에 관심을 두는 것이 아니라 하나님나라의 일을 위해 자기 것을 나누고 서로 통용하는 역사의 현장에 서 있었습니다. 우리는 소유도 권위도 포기하고 자신의 것을 이 비전을 향해 던졌고 오직 하나님의 뜻을 이루기 위해 다같이 한 뜻으로 하나님나라의 일에 동참했습니다.

하나님의 일을 이루는 것은 성령님의 충만한 임재와 은혜가 아니고서는 결코 일어날 수 없습니다. 이것이 모든 것이 서로 합력하여 선을 이룬다는 하나님 말씀의 증거이며 나와 헤븐리터치(HTM)의 체험이자 고백입니다.

6
도심 속 치유센터
비전이 이루어지다

치유센터 비전이 다가오다

2008년 초(집회 장소가 선한목자교회로 결정되기 전), 마땅한 집회 장소를 구하러 여기저기 다니던 중 한번은 하나님께 이런 기도를 한 적이 있습니다.

"하나님, 나중에 치유센터를 하려면 어디가 좋을까요?"

그러자 함께 기도하던 아내가 매우 조심스럽게 그러나 단호하게 "청담동"이라고 하는 것이 아니겠습니까? 전혀 평소 아내답지 않은 말이었습니다. 나는 너무 어이가 없어 아내를 타박했습니다.

"그 동네 땅값이 얼마나 하는지 알고 하는 소리예요? 말이 되는 소리를 해야지, 우리가 어떻게 청담동에 센터를 세운다는 말이에요? 하나님 말씀을 들으려면 제대로 들어야지!"

이렇게 말하고 나도 그냥 웃고 말았습니다. 상상할 수도 없고 상식적으로 말이 안 되는 이야기 같았기 때문입니다.

성령님의 이끄심 가운데 헤븐리터치 사역은 점차 확대되었고 그러다보니 점점 주중과 주말에 세미나를 할 수 있는 장소가 절실해졌습니다. 우리가 꿈꿔온 도심 속 치유사역을 할 수 있는 장소, 센터의 필요성도 따라서 절실해졌고 그 시점이 눈앞으로 점점 다가오는 것을 느낄 수 있었습니다.

힐링터치에서 헤븐리터치로!

지금 내가 섬기는 사역단체의 이름은 '헤븐리터치 미니스트리'(Heavenly Touch Ministry, HTM)입니다. 온누리교회에서 위원회 사역의 일환으로 사역할 때는 '힐링터치 미니스트리'(Healing Touch Ministry)라는 이름을 사용했습니다. 그러다 교회를 떠나서 독자적인 사역을 해야 하는 상황이 왔을 때, 뭔가 새로운 이름이 필요하다는 생각이 들어 스태프들과 함께 주님이 주시는 마음에 귀를 기울였습니다. 이왕이면 우리에게 주신 비전을 함축적으로 잘 담아내면서도 사람들에게 기억되기 쉬운 이름이었으면 좋겠다고 생각했습니다.

하나님께서 우리에게 주신 비전은 이미 도래한 하나님나라의 복음을 이 땅 가운데 선포하며, 특히 도심 한가운데서 살아 계신 하나님의 역사를 드러내고, 그 결과 성도들이 하나님나라로 침노해 들어가도록 하는 것입니다.

성경은 예수님께서 처음 복음을 선포하시던 장면을 이렇게 묘사합니다.

> 예수께서 온 갈릴리에 두루 다니사 그들의 회당에서 가르치시며 천국 복음을 전파하시며 백성 중의 모든 병과 모든 약한 것을 고치시니 마 4:23

이 말씀은 '가르치고'(teaching), '전파하며'(preaching), '고치는'(healing) 예수님의 3대 사역을 요약하는 말씀입니다. 동시에 헤븐리터치의 정체성을 나타내는 말씀이기도 합니다. 이 말씀 가운데서 특히 예수님이 천국 복음(good news about the kingdom of heaven), 즉 하나님나라의 복음(good news about the kingdom of God)을 전파하셨다는 데 주목할 필요가 있습니다. '천국 복음'(하나님나라의 복음)은 분명 성경이 말하는 복음의 실체입니다. 그런데도 한국 교회에서 여전히 생소한 것은 그동안 한국 교회가 '구원의 복음'만 강조해온 경향이 있기 때문이라고 생각합니다.

그러나 예수님은 분명히 천국 복음을 전하기 위해 이 땅에 오셨다고 말씀하십니다.

> 예수께서 모든 도시와 마을에 두루 다니사 그들의 회당에서 가르치시며 천국 복음을 전파하시며 모든 병과 모든 약한 것을 고

> 치시니라 마 9:35

> 이 천국 복음이 모든 민족에게 증언되기 위하여 온 세상에 전파
> 되리니 그제야 끝이 오리라 마 24:14

그리고 예수님은 자신의 말씀을 믿는 모든 자에게 그 하나님나라를 구하도록 했고, 또 침노하도록 하셨습니다.

> 그런즉 너희는 먼저 그의 나라와 그의 의를 구하라 그리하면 이
> 모든 것을 너희에게 더하시리라 마 6:33

> 율법과 선지자는 요한의 때까지요 그 후부터는 하나님 나라의
> 복음이 전파되어 사람마다 그리로 침입하느니라 눅 16:16

'하나님나라의 복음'이란 예수 그리스도의 오심과 그로 인해 이 땅에 하나님나라의 도래와 그분의 통치가 임한 것, 예수님의 십자가 죽음과 부활로 말미암은 인간의 구원 그리고 그 인간을 통한 하나님 통치권의 회복까지(성령님의 나타나심과 역사하심) 종합적으로 아우르는 개념입니다.

나는 무엇보다 하나님나라의 복음에 대한 이해와 선포가 중요하다고 생각했기 때문에 우리의 새 이름이 치유에만 포커스를 맞춘 것이

아닌, 하나님나라의 복음에 대한 정체성을 담고 있으면 좋겠다는 생각을 했습니다. 그래서 기존의 '힐링터치 미니스트리'라는 다소 제한적인 의미의 이름 대신 좀 더 넓은 개념을 담은 '헤븐리터치 미니스트리'로 새 이름을 정하게 되었습니다.

HTM 단체 설립을 위한 초기 노력

이름도 바꾸고 새로운 사역 단체로 개편한 이후, 나는 헤븐리터치 미니스트리가 하나님나라와 한국 교회를 위하는 공인된 단체가 되기를 바랐습니다. 구체적으로 공인된 법인단체가 되기를 희망했지만 재정도, 시설도 없이 이제 막 새로 출범하려는 사역단체가 독자적인 사단법인을 설립하기란 현실적으로 불가능했습니다.

그러다 한국 교회 내에 신학적으로 건전하지만 여러 이유로 교단에 속하지 않고 독자적으로 교회나 선교단체를 운영하는 초교파 교회와 선교단체들이 모여 사단법인을 설립한 곳이 있다는 것을 알게 되었습니다. 그곳이 바로 '한국독립교회 및 선교단체연합회'(KAICAM)입니다. 우리가 가입할 당시에는, 지금은 할렐루야교회의 원로목사로 추대되신 김상복 목사님이 회장을 맡고 계셨습니다.

이 단체에 가입하면 비록 독자적인 법인은 아니어도 이미 공인된 법인체의 한 지체로서 인정받게 됩니다. 물론 이제 막 시작하는 단계이므로 굳이 이런 단체에 속하지 않더라도 당장은 문제가 없을 것입니다. 그러나 HTM이 초기 단계부터 공인된 단체가 되고자 했던 것은 크게 두 가지 이유에서였습니다.

첫째, 공인된 단체로서 모든 사람에게 열려 있다는 것과 사역단체의 비전과 소명을 분명히 하고자 했기 때문입니다.

둘째, 이 사역에 필요한 모든 재정을 투명하게 운영하겠다는 뜻을 밝히고자 함이었습니다.

가장 작은 곳에서 시작되다

그런데 막상 KAICAM에 가입하려고 하니 미처 생각지 못한 문제에 부딪혔습니다. 가입 요건에 사무실 주소 명기가 필수였던 것입니다. 말하자면 사역단체로 활동할 수 있는 사무실이라도 있어야 한다는 것인데, 가입하는 단체가 유령 단체일 수도 있으니 어쩌면 이는 당연한 요구입니다. 또 우리에게도 당장 사무실이 필요했습니다. 그러나 그 당시 말 그대로 땡전 한 푼 없이 길거리로 나온 상황인데, 무슨 돈으로 사무실을 마련할 수 있었겠습니까?

하지만 하나님께서는 이미 우리에게 알맞은 사무실을 예비해두셨습니다. 이 사정을 들은 규장 출판사의 여진구 대표가 이번에도 놀랄 만한 제안을 했습니다.

"사옥 3층에 직원들을 위한 작은 휴게실이 있는데, 괜찮다면 그곳을 임시 사무실로 쓰세요."

당시 우리 이야기를 들은 여 대표는 마음의 부담감을 가지고 기도하던 중 다음의 말씀을 받았다고 합니다.

> 여호와의 궤가 가드 사람 오벧에돔의 집에 석 달을 있었는데 여호와께서 오벧에돔과 그의 온 집에 복을 주시니라 삼하 6:11

여진구 대표는 이 말씀과 함께 하나님의 영광이 함께하는 헤븐리터치가 하나님이 사랑하시는 하나님의 궤라는 마음을 받아, 하나님의 법궤를 모시는 마음으로 HTM을 섬겨야겠다는 마음을 먹게 되었다고 합니다.

후에 여 대표로부터 이런 고백을 듣기도 했습니다.

"제가 뭔가를 바라고 헤븐리터치에게 장소를 내준 것은 아니었지만, 믿음대로 순종했더니 규장과 갓피플에 하나님의 복이 더욱 임하는 것을 경험하고 있습니다."

참으로 감사한 하나님의 은혜였습니다.

우리는 그 제안을 듣자마자 여 대표의 마음이 바뀔세라 당장 규장 사옥으로 달려갔습니다. 나는 지금도 그 방을 잊지 못합니다. 작은 원탁이 하나 있었는데, 대여섯 명이 둘러앉으면 꽉 차는 그런 작은 방입니다. 책상과 컴퓨터를 놓으니 실제로 두세 명만 간신히 일할 수 있는 공간이 되었습니다. 그러나 그 작은 방이 오갈 데 없던 우리에게 세상에서 가장 안락한 공간이 되었습니다. 그 방에서 우리는 소망을 키울 수 있었고 그곳이 우리의 비전을 키우게 된 터전이었습니다.

시작은 미약하였으나 나중은 심히 창대하리라는 꿈, 앞으로 어디로 인도하실는지 모르지만 그곳에서 매주 월요말씀치유집회를 준비할 수 있다는 것만으로도 우리는 정말 행복했습니다. 하나님이 우리를 어떻게 사용하실지 다 알 수는 없었지만, 우리는 마음껏 하나님께서 하실 일들을 기대했습니다.

> 일을 행하시는 여호와, 그것을 만들며 성취하시는 여호와, 그의 이름을 여호와라 하는 이가 이와 같이 이르시도다 너는 내게 부르짖으라 내가 네게 응답하겠고 네가 알지 못하는 크고 은밀한 일을 네게 보이리라 렘 33:3

미리 보여주신 HTM 하우스

규장 사옥 3층의 작은 휴게실에서 헤븐리터치가 시작된 지 어느덧 반년의 시간이 흘렀습니다. 그 사이 사역의 규모는 더 커지고, 외부 사역도 더 많아졌습니다. 그런 만큼 사역을 위해 좀 더 넓은 사무 공간이 필요했고 우리는 믿음으로 그 장소를 'HTM 하우스'라 이름 짓고 하나님께 기도하기 시작했습니다.

장소를 알아보던 중 부동산의 소개로 건대역 앞 모 오피스텔에 들어섰는데, 순간 '바로 이곳이다!'라는 생각이 들면서 그곳이 아주 마음에 들었습니다. 그래서 평소와 달리 기도도 충분히 하지 않았는데, "바로 이곳입니다! 이곳으로 계약하도록 하지요"라고 선포하고 일사천리로 계약을 진행했습니다.

그런데 막상 계약을 마치고 나니, 내 마음속에 뒤늦은 불안감이 밀려오기 시작했습니다. 내 마음에 쏙 든다고 하나님께 허락도 받지 않고 계약을 해버리다니, 혹시나 이곳이 하나님이 원치 않는 장소라면 어떡하나 하는 두려움이 찾아온 것입니다.

이미 계약을 했기 때문에 불안하고 찝찝한 마음인 채 어쩔 수 없이 HTM 하우스로 일단 이사를 했습니다. 이사를 하고 책과 짐을 정리하는 과정에서 아내의 오래된 기도 노트를 우연히 보게 되었습니다. 나와 아내는 기도하면서 하나님께 받은 마음이나 하나님이 보여주시는 것들을 항상 노트에 기록해둡니다.

아내가 책 정리를 하며 별 생각 없이 그 노트를 뒤적이고 있는데, 놀랍게도 거기에 우리가 이사 온 HTM 하우스 창가에서 바라보는 풍경과 일치하는 모습이 그려져 있는 것입니다. 할렐루야! 기도 중에 받은 내용을 기록한 시점은 이 빌딩이 지어지기도 전이었으며, 그림과 함께 기록된 글은 "삼면이 확 트인 높은 전망대 같은 곳에서 종합운동장을 보게 되며…"라고 시작하고 있었습니다.

우연이라고 하기 어려운 이 일에 우리는 크게 놀랐습니다. 하나님께서 염려하는 내 마음을 아시고 되어진 일을 확증해주시고자 옛 노트를 펼쳐보게 하시고, 기도 가운데 받았던 내용까지 확인하게 하신 것입니다.

우리가 오랫동안 꿈꿔온 우리의 비전, 도심 속의 치유센터인 HTM 센터(Heavenly Touch Ministry Center)를 청담동에 마련하고 센터를 열기까지, 그곳에서 보낸 1년 반 동안 40명 이상의 스태프들이 모여 기도하고 집회를 준비하며 교제하고 훈련을 받았습니다. 그렇게 HTM 하우스에서 우리의 비전이 영글어갔습니다.

호랑이 굴로 들어가라

HTM 하우스를 마련한 뒤에도 상시 사역할 수 있는 장소의 필요 문제가 계속 대두되었고, 도심 속에서 치유사역을 할 수 있는 근거지를 마련해야 하는 시점이 되었음을 느끼기 시작했습니다.

나는 치유센터를 마음에 품고 하나님의 구체적인 인도하심을 구하며 본격적으로 기도하기 시작했습니다. 어느 날 기도하다가 잠깐 잠이 들려는 순간 치유센터의 전경이 내 눈앞에 펼쳐졌습니다. 나는 그것이 하나님의 사인(sign)이라고 확신했습니다. 그때가 2009년 9월경이었습니다. 본격적으로 HTM 센터 장소를 구하며 이미 기도하고 받은 청담동 외에도 그 부근이나 다른 여러 지역을 알아보았습니다.

'청담동이라니…, 청담동은 우리에게 가당치도 않을 거야. 오르지 못할 나무는 쳐다보지 말아야 해.'

그러면서도 내 마음은 어쩔 수 없이 청담동에 가 있었습니다. 현재 HTM 센터로 임대하여 쓰는 청담동의 휴먼스타빌을 소개 받고 처음 가보았을 때도 나는 적잖이 당황스러웠습니다. 생각할수록 너무나 이질적으로 느껴졌기 때문입니다. 텅 빈 2층 소파에 앉아 마음속으로 하나님께 물었습니다.

"하나님, 왜 굳이 이곳입니까?"

그때 하나님께서 곧 내 마음에 이런 감동을 부어주셨습니다.

"호랑이를 잡으려면 호랑이 굴로 들어가야 한다. 나는 내가 네게 준 비전을 이루고자 한단다."

다시 물었습니다.

"그럼 여기가 맞습니까?"

"여기가 맞다."

하나님께 우리가 가게 될 땅이 청담동이라는 마음의 확신을 받았음에도 불구하고 믿음으로 나아가게 되기까지 나는 격렬한 내면의 갈등을 겪어야 했습니다. 어렵게 마음을 정하고 믿음으로 나아가기로 했지만, 한편으로는 여전히 내면으로부터 걷잡을 수 없는 불안과 두려움이 수시로 나를 덮쳤기 때문입니다.

"하나님, 청담동으로 가라는 말씀이시지요? 알겠습니다. 순종하겠습니다. 그렇지만 대책이 없지 않습니까? 무조건 가기만 하면 됩니까? 도대체 무슨 돈으로 이곳을 유지합니까? 그리고 이 사역을 왜 굳이 이 비싼 땅에서 해야 합니까?"

인간적으로 보기에는 하나님께서 인도하시는 길이 너무 험난해서 길이 아닌 것 같아 보였지만, 하나님의 역사를 기대하며 순종함으로 나아갔을 때 하나님께서 놀라운 일을 행하기 시작하셨습니다.

두 가지 전략

하나님께서는 두 가지 전략을 보여주셨습니다.

첫째 전략은 세상을 변화시키기 위해서는 세상에 영향을 끼치는 자들에게 하나님의 비전을 나누어주고 영향력을 끼치고 그들을 변화시킴으로 그들이 세상을 변화시키도록 하는 것입니다. 하나님께서는 이를 위해 나의 신분과 위치와 달란트를 전부 사용하시겠다고 말씀하셨습니다.

실제로 HTM 센터를 청담동으로 옮기자 그때부터 본격적으로 각 분야의 영향력 있는 사람들과의 놀라운 만남을 허락하셨습니다. 한 명 한 명 만날 때마다 나는 하나님께서 그들을 들어 쓰시기를 진실로 원하신다는 것을 깨닫게 됩니다. 그들과 함께 그들을 향한 예수님의 마음을 나눌 때마다 그들 안에 재로 덮여 있어 보이지 않던 불꽃이 성령님의 기름부으심으로 말미암아 다시 활활 타오르는 것을 보게 됩니다.

둘째 전략은 HTM 센터 운영과 사역을 위한 동역자, 즉 HTM 파트너를 모으라는 것입니다.

앞으로 이곳을 어떻게 운영해나갈지 여쭤보았을 때 하나님께서는 주님이 주신 비전을 함께 이루어갈 수 있는 7천 명의 파트너를 모으라는 마음을 주셨습니다. 이런 마음을 받자마자 나는 즉각 다시 물었습니다.

"파트너를 모은다 해도 그들이 무슨 이유로 우리를 후원하겠습니까?"

그때 하나님께서 제 마음에 주신 말씀은 이렇습니다.

"HTM에 허락한 기름부음이 믿음을 통하여 그들에게 흘러가게 하고, 그들이 이 땅에 주의 뜻인 킹덤(Kingdom)을 이룰 전쟁에 징집된 하나님의 군대라는 사실을 가르쳐주어라."

이렇듯 하나님의 분명한 비전과 전략을 받았는데도 내 마음에는 여전히 두려움이 남아 있었습니다. 내 믿음으로는 도저히 처음부터 7천 명을 모을 자신이 없었습니다. 그래서 일단 3천 명의 파트너가 모이면 하나님께서 명령하신 일을 하겠다고 했습니다. 그중 하나가 강남땅을 변화시키기 위해 중보기도 하는 사역입니다.

현재 HTM에는 약 1,500여 명의 파트너가 모였습니다. 그들에게 지속적으로 소식지와 집회 동영상 자료를 보내고 각종 집회와 세미나를 통해 성령님의 능력의 역사와 그 실제, 킹덤 멘탈리티로 세상과 말씀 보기, 킹덤빌더 세우기 그리고 기름부으심에 대한 훈련을 하고 있습니다. 하지만 어쩌면 7천 명은커녕 3천 명의 파트너를 모으는 일도 단시일 내 이루어지지 않을지 모릅니다.

그러나 그렇게 훈련되는 3천 명이 모이게 된다면 그들은 진정으로 중보기도와 영적 전쟁에 능한 킹덤빌더가 될 것입니다. 그리하여 먼저 강남땅을 붙잡고 있는 통치자들과 권세들과 어둠의 세상 주관자들이 무너지고 악한 영들이 떠나가도록 기도할 것이며, 나아가 사회 각 분야에 있는 자신의 일터와 영역에서 세상을 이기고 하나님나라를 세우는 일을 하게 될 것입니다.

HTM 파트너십은 바로 그 일들을 하는 킹덤빌더를 준비시키시는 과정입니다.

가장 어두운 곳을 비추라

어렵게 마음을 정하고 믿음으로 임대 계약을 추진하는데, 계약 과정도 쉽지 않았습니다. 건물 소유주가 가계약을 자꾸 번복했기 때문입니다. 건물주는 아마 HTM이 교회라고 생각했던 것 같습니다. 교회가 들어오면 건물 이미지가 나빠진다는 생각 때문에 어떻게든 우리와 계약을 맺지 않으려고 한 것입니다.

역설적이게도 계약 과정이 순탄치 않은 것이 한편으로는 내게 은근한 기쁨이 되기도 했습니다. 이 복잡한 일에서 도망갈 핑계가 되기 때문입니다. 하지만 곧 이것이 사탄의 훼방임을 깨달았습니다. 갖가지 핑계로 가계약이 파기되는 것을 보며 사탄이 처음에는 나의 불안과 두려움을 파고들더니 이제는 상대편 계약자의 마음을 흔들어 주의 뜻을 이루지 못하게 한다는 것을 알게 되었습니다.

그 실체를 알게 되었을 때는 "이미 뜻이 하늘에서 이루어졌다"는 확고한 하나님의 믿음을 가지게 되었습니다. 마침내 오직 믿음으로 선포하며 그쪽에서 어떤 조건을 제시하더라도 전부 수용하겠다는 결정을 내렸습니다.

3개월의 협상 기간 동안 계약을 진행한 스태프들이 인간적으로 너무나 많은 수모를 당했습니다. 세상의 일이었으면 당장 그만두고 돌아설 수 있겠지만, 끝까지 인내하여 결국 계약이 성사되었을 때 우리와 임대 계약한 건물 주인으로부터 이런 고백을 들을 수 있었습니다.

"내가 이 계약을 왜 하는지 모르겠습니다. 당신들이 기도를 많이

해서 그런 것 같군요."

우리가 청담동에 HTM 센터를 마련한 것은 일개 사역단체가 돈이 많아서 그런 것이 아닙니다. 오직 하나님의 뜻에 순종한 것입니다. 청담동은 우리나라에서 땅 값은 물론 임대료가 가장 비싼 곳 가운데 하나입니다. 동시에 영적으로 가장 어두운 곳 가운데 하나이기도 합니다. 하나님께서는 영적으로 가장 어두운 곳에 하나님의 영광이 임하고, 그곳으로부터 하나님의 생명이 흘러나가게 하라는 마음을 주셨습니다. 그 일을 위하여 빛을 평상 아래 두는 것이 아니라 등경 위에 둠으로써 모든 곳을 비출 수 있도록 하듯이 흑암의 가장 핵심부에 우리를 세우신 것입니다.

> 사람이 등불을 가져오는 것은 말 아래에나 평상 아래에 두려 함이냐 등경 위에 두려 함이 아니냐 막 4:21

마치 폭탄의 뇌관처럼 영적 흑암의 한가운데서 영적인 폭발이 일어나도록 하신 것입니다. 우리나라의 대표적인 죄와 퇴폐의 온상지를 하나님나라로 변화시키도록 우리에게 소명과 비전을 주셨고, 그곳에서 하나님의 영광을 선포하며 중보기도를 올려드림으로써 강남땅 전역에 하나님의 통치가 이루어지도록 하라는 것입니다.

'휴먼스타빌'이라는 건물명도 재미있지만 계약 시 그 법인명이 '휴먼터치'인 것을 보고 얼마나 놀랐는지 모릅니다. 하나님께서 이 장소를 '세상에서 뛰어난 사람의 손길'이 아닌 '하나님나라의 하나님의 자녀의 손길'이 임하는 장소로 쓰기 원하신다는 데 생각이 미치자 나는 주님께 감사와 영광을 올려드렸습니다. 나는 그곳이 언젠가 '헤븐리스타빌'로 변화되기를 소망합니다.

두 개의 기념비

자양동 HTM 하우스에서 청담동 HTM 센터로, 그것은 우리에게 마치 이스라엘 민족이 요단강을 건너 가나안 땅으로 들어간 것과 같았습니다. 이스라엘 백성은 요단강을 건너 가나안으로 넘어가면서 이스라엘 자손들의 지파 수대로 열두 개의 돌을 모아 기념비를 세웠습니다. 요단강을 건너게 하신 하나님의 능력과 은혜를 잊지 말고 기억하라는 것이었습니다.

> 여호수아가 요단에서 가져온 그 열두 돌을 길갈에 세우고 이스라엘 자손들에게 말하여 이르되 후일에 너희의 자손들이 그들의 아버지에게 묻기를 이 돌들은 무슨 뜻이니이까 하거든 너희는 너희의 자손들에게 알게 하여 이르기를 이스라엘이 마른 땅을 밟고 이 요단을 건넜음이라 수 4:20-22

우리에게도 두 개의 상징적인 기념비가 있습니다.

첫 번째 기념비는 사진입니다.

하나님께서 청담동 건물을 처음 보여주셨을 때 나는 그 건물을 실제로 눈으로 보면서 기도하기를 원했습니다. 그래서 사진작가이면서 HTM 스태프인 주명규 집사에게 부탁해 아직 계약하지 않았지만 그 건물의 사진을 찍어 거기에 포토샵으로 'HTM 센터'라는 가상의 간판을 표현해달라고 했습니다. 주 집사는 그 건물 위에 하나님의 영광이 임한 것 같은 이미지를 합성하고 '헤븐리터치 미니스트리'라는 간판까지 보이도록 작업한 선명한 사진을 건네주었습니다.

우리는 그 사진을 보며 믿음으로 기도했습니다. 3개월이 넘도록 계약이 계속 엎치락뒤치락 할 때에도 우리는 구한 것은 이미 받은 줄로 믿고 기도할 수 있었습니다.

> 그러므로 내가 너희에게 말하노니 무엇이든지 기도하고 구하는 것은 받은 줄로 믿으라 그리하면 너희에게 그대로 되리라 막 11:24

두 번째 기념비는 설계도입니다.

우리는 이미 그 센터를 얻었다고 생각하고 건축 설계 인테리어 디자이너이자 HTM 스태프인 이효진 자매(《네 약함을 자랑하라》의 저자)에게 미리 실내디자인을 하도록 의뢰했습니다. 아직 계약이 안 된 상태인데도 우리는 이미 얻은 것으로 믿고 열 번 이상 도면을 고쳐가며 미리 설계를 해두었습니다.

미리 본 건물의 외관 합성사진과 미리 준비한 설계도, 이 두 가지가 우리에게 기념비적인 증표가 되었습니다. 현재 센터 입구에 이것을 걸어두고 중요한 기념비로 간직하고 있습니다.

믿음은 바라는 것들의 실상이요 보이지 않는 것들의 증거니 히 11:1

당시 우리를 어렵게 한 것은 우리가 왜, 무엇 때문에 굳이 그곳으로 가야 하느냐에 대한 의문을 풀지 못했다는 것이지, 하나님께서 약속하신 곳을 주실지 안 주실지 그런 믿음의 문제가 아니었습니다. 비전에 따라 주어진 믿음은 우리의 믿음이 아닙니다. 그것은 '하나님의 믿음'입니다. 내가 내 꿈을 이성으로 취한 것이 아니요 성령 안에서 비전으로 받은 것이기 때문입니다.

성령 안에서 비전으로 주어진 것은, 마음으로 품을 때 영적 세계에서 하나님의 믿음으로 이루어지는 것을 보게 됩니다. 그것이 바로 실상이고 증거입니다. 이 하나님나라의 실상과 증거에 기초하여 약속의 말씀을 선포할 때 그 말씀에 따른 실체를 이 땅에서 보게 되는 것입니다.

오직 성령이 너희에게 임하시면 너희가 권능을 받고
예루살렘과 온 유대와 사마리아와 땅끝까지 이르러
내 증인이 되리라 하시니라 _행 1:8

3

WE EXPECT YOU, HOLYSPIRIT

킹덤빌더를 세우시는
성령님

7
당신이 바로
성령님의 동역자입니다

교회와 사역단체의 차이를 이해하라

헤븐리터치 미니스트리(HTM) 사역은 결코 혼자서 할 수 없는 사역입니다. 물론 우선 성령님께서 기름부으시고 인도하셔야 가능한 사역이지만, 그와 함께 동역자들의 적극적인 지지와 자발적인 헌신이 없었다면 오늘날 헤븐리터치 사역은 여전히 부화되지 못한 알의 단계에 머물렀을 것입니다. 지금까지 100여 명이 넘는 스태프들이 헤븐리터치를 거쳐 갔고, 지금도 60여 명의 스태프들이 시간과 열정과 기도와 물질로 헌신하고 있습니다. 주님께 헌신된 그들이야말로 헤븐리터치를 이끌어가는 진정한 주역입니다.

헤븐리터치 미니스트리(HTM)는 교회가 아닌 사역단체이기에 함께 사역할 동역자를 뽑는 데에도 자연스레 몇 가지 기준이 세워졌습니다. 일반적으로 교회에서는 성숙한 교인뿐만 아니라 예수님을 믿은 지 얼마 안 된 미성숙한 교인 혹은 서로 다른 비전이나 견해를 가진 교인들도 함께 모여서 공동체를 이루어 사역합니다. 그럴 경우 지속적인 교제와 양육, 훈련 과정을 통해 친밀함을 나누며 서로 하나가 되고 점차 하나의 비전으로 나아가게 됩니다.

그러나 사역단체는 어떤 인간적인 계획이나 프로그램 또는 양육훈련 자체에 치중하지 않습니다. 그보다 하나님께서 그 단체에 주신 비전을 따라 하나님과 사람을 섬기는 일에 치중합니다. 이런 차이점을 인식하지 못하고 단체에 주신 비전과 동일한 비전을 품지 않았거나 자기의(自己義)가 강한 사람은 간혹 사역단체에 합류했다가도 오래 함께하지 못하는 경우가 많습니다.

사역단체 구성원의 특징

사역자에 대한 다음 몇 가지 기준과 특징은 오랜 경험을 통해 얻어진 것들입니다.

첫째, 같은 비전을 품은 사람들로 구성되어야 합니다. 사역단체는 하나님이 주신 소명(召命)이라는 한 가지 목적을 이루기 위해 군대와 같이 모이고 움직여야 합니다. 따라서 처음부터 같은 정신(spirit)으로 같은 비전(vision)을 품은 사람만이 함께할 수 있습니다.

둘째, 리더십에 순종하는 사람들로 구성되어야 합니다. 모순처럼 들리겠지만 리더십에 순종할 줄 알아야 사람을 보지 않고 하나님만 의지할 수 있습니다. 그 순종은 사람에 대한 순종이 아니라 하나님에 대한 순종이기 때문입니다.

셋째, 삶 가운데 감정적 기복이 심하지 않고 다른 사람에 대해 부정적인 말을 하지 않는 사람들이 함께해야 합니다. 평소에는 평온해 보이다가도 지나친 스트레스나 무리한 일이 주어질 때 혹은 급박한 상황에 처하거나 부당한 처사를 당하게 될 경우 그 사람의 내면이 금방 드러납니다. 건강한 사역과 동역을 위해서는 어떤 상황에서도 하나님의 평강에 기초하여 마음을 지켜야 하며 자신의 상처를 다른 사람에게 옮기지 않아야 합니다.

넷째, 사람을 섬기는 일보다 하나님께 드리는 예배와 찬양을 사랑하는 사람이어야 합니다. 다른 사람을 섬기는 모든 은사와 능력은 하나님을 전심으로 사랑하는 갈망에서 나오기 때문입니다. 하나님을 전심으로 사랑하는 사람이라면 예배를 사모하며 언제나 기쁘게 하나님을 찬양하게 마련입니다.

다섯째, 골방에서 주님과 독대하며 주님의 영광 안에 안식하는 거룩한 낭비의 시간을 갖는 것과 예수님의 부활생명(보혜사 성령님)을 자신의 삶속에서 실제로 나타내는 것을 최우선순위에 두는 사람이어야 합니다. 그것이 바로 기름부으심에 의한 사역의 핵심이기 때문입니다.

결국 사역단체에서 동역하기 위해서는 은사나 능력, 지위나 신분 혹은 재력이나 경험이 중요한 것이 아니라 성령님의 인도함을 받는 삶을 살아야 하며, 온유하고 겸손하고 충성된 자여야 합니다. 이것이 가장 우선되고 중요한 조건입니다.

> 너는 그리스도 예수의 좋은 병사로 나와 함께 고난을 받으라 병사로 복무하는 자는 자기 생활에 얽매이는 자가 하나도 없나니 이는 병사로 모집한 자를 기쁘게 하려 함이라 딤후 2:3,4

성령님의 인도함을 받는 사람

HTM에서는 우리와 동역하기 원하는 분에게 HTM이라는 사역단체의 비전과 사역을 충분히 검토토록 하고, 또 함께하고자 하는 분이 이런 기준에 합당한지 점검하기 위해 '헬퍼제도'를 두고 있습니다. 사역자로 합류하기 전에 먼저 6개월 간 HTM의 여러 사역 분야에서 함께할 기회를 주고 다양한 일과 상황을 직접 경험해보도록 하는 것입니다.

헤븐리터치 사역이 점점 커지고 많은 사람에게 알려지다보니 사역에 동참하기를 희망하는 분들도 많아집니다. 메일을 보내오기도 하고 직접 찾아오기도 합니다. 어떤 분들은 "하나님께서 HTM 사역에 함께 하라고 말씀하셨습니다"라고 확신 있게 말하고, 또 어떤 사람은 자기에게 이런저런 은사가 있으니 HTM 사역에 도움이 될 거라고 자신 있게 말하기도 합니다.

그러나 나는 지금껏 그에게 있는 은사를 보고 사람을 뽑아본 적이 없습니다. 겸손하고 온유한 심령으로 성령님의 인도하심을 받는 것이 은사보다 중요하다는 것은 아무리 강조해도 지나치지 않습니다. 지금 헤븐리터치의 스태프들은 모두 이 기준에 의해 성령님의 인도하심 가운데 함께하게 된 분들입니다.

한 가지 흥미로운 사실은 처음 헬퍼로 합류할 당시 은사가 없었던 분이라 해도 시간이 지나면서 자연스럽게 하나님의 기름부으심이 임하고 은사가 부어지는 것을 보게 된다는 것입니다. 그런 일들을 볼 때마다 성령님의 인도하심을 받기 원하고, 하나님이 주신 소명 가운데 겸손히 섬기기 원하는 심령 위에 하나님께서 기름부으시고 은사를 주신다는 사실을 늘 체험합니다.

하나님께서는 가진 것이 아무것도 없어도 겸손히 준비된 그릇에 풍성히 채워주시는 분이십니다.

> 여호와의 눈은 온 땅을 두루 감찰하사 전심으로 자기에게 향하는 자들을 위하여 능력을 베푸시나니 대하 16:9

내가 온 것은 불화하게 하려 함이니

그동안의 사역을 되돌아보면 하나님께서는 나에게 두 번의 큰 어려움을 겪게 하셨고, 그로부터 귀한 교훈을 얻게 하셨습니다.

한번은 교회 내 내적치유위원회에서 팀장으로 섬기며 내적치유 사역을 할 때의 일입니다. 그때 내적치유세미나를 인도하고 난 다음에 갖게 된 자체평가회에서 팀원들로부터 크게 비난을 받은 적이 있습니다. 비난의 핵심은 나의 인간적인 부족함과 더불어 부정적인 선입견이 있던 성령사역을 주도했던 것 때문인 것 같았습니다. 지금 생각해보면 팀원들은 성령사역을 이해하지도 못했고, 받아들일 생각도 없었던 것입니다.

내 평생에 그런 비난은 처음이었기에 너무나 마음이 아팠지만 나는 아무 말도 하지 않았습니다. 그저 "나의 부족함을 지적해주어서 감사합니다. 그 점에 대해 기도하고 고쳐보도록 하겠습니다"라고 말하고 돌아왔습니다.

우리는 그동안 인간적으로 정말 좋은 관계를 유지해왔습니다. 모두들 믿음 안에서 한 지체였습니다. 사랑하는 사람에게서 가슴에 못 박는 말을 듣는 것은 참으로 고통스러운 일이었습니다. 그러나 내가 성령님을 만나고 성령님을 나타내는 삶을 살기 시작하자 같은 집안 식구조차도 그것을 이해하지 못하고 터부시하는 일이 일어난다는 것을 처음으로 경험한 것입니다.

내가 무엇을 잘못했는지, 이제 어떻게 해야 하는지 하나님께 기도하며 보내는 어느 날이었습니다. 살짝 선잠이 든 것 같은데, 갑자기 큰 원통 같은 커다란 빛이 하늘로부터 내 가슴으로 들어와 온 몸을 휩싸고 지나갔습니다. 이것은 꿈이 아니라 실제적인 너무나 놀라운 경험이었습니다. 그 사건 이후로 하나님의 임재가 떠나지 않고 내 마음에 놀라운 기쁨과 평강으로 넘치기 시작했습니다. 나는 이것이 하나님께서 나와 함께하신다는 사인임을 깨달았습니다. 성령님의 인도하심을 받는 과정 가운데 그로 인해 어려움을 당하고 있다는 사실을 알게 하신 것입니다. 이 경험을 통해 부당한 처사를 당했다고 생각이 될 때에 그 부당함에 따지거나 반박하지 않고 온유한 마음으로 오직 주님을 바라보는 것이 얼마나 큰 축복인지를 알게 되었습니다.

> 어리석고 무식한 변론을 버리라 이에서 다툼이 나는 줄 앎이라
> 딤후 2:23

> 누가 능히 하나님께서 택하신 자들을 고발하리요 의롭다 하신 이는 하나님이시니 롬 8:33

또한 성령님의 인도함을 받는 사역을 할 때는 어떤 사람이 인간적으로 얼마나 훌륭한지는 이차적인 문제이며, 오직 같은 성령 안에서 같은 방향과 목적을 가지고 사역을 하는가 하는 것이 무엇보다 중요하다는 것을 깨닫게 되었습니다.

또 한 차례 홍역을 치른 적이 있었습니다. 그때는 교회 내에서 힐링터치 미니스트리를 인도할 때였습니다. 너무나 귀한 동역자들과 함께 사역하고 있었음에도 불구하고 사탄은 우리의 약한 부분을 틈타 우리 팀에 분열이 일어나게 만들었습니다. 별다른 뜻 없이 내뱉은 작은 험담이나 비난의 말이지만 마귀가 틈타면 팀 안에서 돌고 돌아 다른 말로 와전되고, 그에 따라 자연스럽게 자신의 입장을 대변하는 사람들

끼리 뭉치게 되어 지체들이 나뉘게 되고, 그 결과로 전체적인 영적 분위기가 와해되는 것입니다. 이러한 문제는 겉으로 드러나는 문제가 아니기 때문에 끄집어내기도 힘들고 모든 스태프를 한 영 안에서 하나가 되도록 회복시키기가 참으로 어렵습니다.

> 남의 하인을 비판하는 너는 누구냐 그가 서 있는 것이나 넘어지는 것이 자기 주인에게 있으매 그가 세움을 받으리니 이는 그를 세우시는 권능이 주께 있음이라 롬 14:4

누구의 잘못이라고 비난할 수 없었기에 나는 모든 팀원들이 모인 자리에서 리더십의 부족함을 고백하고 용서를 구하고, 서로가 주 안에서 하나 되도록 간절히 부탁했습니다. 그것으로 인하여 문제는 사라졌지만 결국 몇 분이 사역팀에서 떠나게 되었습니다. 후에 이런 일은 우리 팀에서만 일어난 특별한 일이 아니라 마귀가 가장 잘 이용하는 전형적인 전략임을 알게 되었습니다. 나는 지금도 마귀가 틈타 팀이 분열되는 일이 없도록 늘 조심하고 경계하고 있습니다.

정말로 하나님께서 부르신 사람들의 두드러진 특징 중의 하나는 불이익을 당하거나 오해를 받더라도 자신의 입장을 대변하거나 자신이 받은 부당함에 대해 다른 사람에게 말하지 않고, 오직 하나님만 바라보며 맡겨진 일을 충성스럽게 해나간다는 것입니다. 결국은 오해가 풀리고 그 사람 때문에 그 팀에 은혜가 넘치는 것을 보게 됩니다.

훌륭한 리더십보다 훌륭한 팔로워십

어떤 사역단체가 하나님이 주신 비전에 따라 사역을 감당해나가기 위해서는 훌륭한 리더십이 물론 있어야 합니다. 하지만 그와 마찬가지로 어떤 스태프들이 함께하느냐의 문제도 리더십 못지않게 중요합니다. 헤븐리터치의 가장 큰 자랑거리 중 하나는 바로 귀한 사역자들이 헌신하고 있다는 것입니다. 리더십에 순종할 뿐만 아니라 자신을 드러내지 않고 겸손히 성령님의 인도하심을 받으려 하는 분들이지요.

외부 집회를 다니다 보면 재미있는 일이 많은데, 그중 하나가 이런 일입니다. 집회를 마치고 나면 보통 "오늘 말씀 정말 좋았습니다, 은혜 많이 받았습니다" 하는 인사를 건네지 않습니까? 그런데 목사님이 대뜸 "스태프들을 어떻게 훈련시킵니까?"라고 묻는 경우가 종종 있습니다.

내게는 정말 자랑스럽고 감사한 질문입니다만, 사실 집회 현장 사역을 위한 훈련이나 팀워크를 위한 특별한 훈련이란 없습니다. 매주 함께 모여서 예배를 드리고 주님의 임재 안에 거하고 간절히 중보기도 하는 것이 전부입니다.

단 한 가지, 마치 오케스트라처럼 각자 성령님의 인도함을 받아 집회 중 하나님의 영광이 나타나는 데에 초점을 맞추어 섬기는 것뿐입니다. 주님이 우리의 지휘자가 되셔서 한 사람 한 사람 각자의 일을 인도해주시기 때문에 은혜와 감사와 기쁨 가운데 섬기게 됩니다. 특별히 콘티를 짜고 세부일정을 정하고 예행연습을 하지 않아도 아름답고 정교하게 섬길 수 있는 것도, 미리 정해진 자신의 임무에만 최선을 다하는 것이 아니요 성령 안에서 주님이 원하시는 것이 무엇인지에 귀 기울이며 주님이 기뻐하시는 것과 그 상황에 부족한 점을 어떻게 메울 것인가에 집중하고 최선을 다하기 때문입니다.

바로 그것이 HTM이 한 성령 안에서 서로 지체가 되었으며, 서로 연결되고 결합되어 주님을 높이는 단체임을 증명해줍니다.

> 너희 안에서 행하시는 이는 하나님이시니 자기의 기쁘신 뜻을 위하여 너희에게 소원을 두고 행하게 하시나니 빌 2:13

> 하나님의 성령으로 봉사하며 그리스도 예수로 자랑하고 육체를 신뢰하지 아니하는 우리가 곧 할례파라 빌 3:3

> 그에게서 온 몸이 각 마디를 통하여 도움을 받음으로 연결되고 결합되어 각 지체의 분량대로 역사하여 그 몸을 자라게 하며 사랑 안에서 스스로 세우느니라 엡 4:16

하나님이 붙여주신 동역자

헤븐리터치에는 참으로 다양한 사람들이 모여서 주님을 섬기고 있습니다. 의사, 교수, 회사 CEO, 음악가도 있고 가정주부는 물론 직장인도 많습니다. 이들의 단 하나의 공통점이라면, 삶의 모든 부분에서 성령님의 인도함을 받고자 하며 킹덤 멘털리티의 관점에서 하나님나라의 복음을 이해하고 있는 분들이라는 것입니다. 그래서인지 HTM의 중요 사역 중 하나인 킹덤빌더스쿨을 수료한 분들 가운데서 스태프로 헌신하는 경우가 많습니다.

월요말씀치유집회를 진행하기 위해서는 입구에서 맞이하는 주차안내팀부터 실내안내팀, 중보기도팀, 기도사역팀, 영상음향팀, 관리팀 등 수십 명의 스태프가 필요합니다. 이 많은 사람들을 나의 인간적인 능력이나 노력으로 어떻게 다 만날 수 있었겠습니까? 다 하나님께서 붙여주신 귀한 분들입니다.

스태프 중에는 하나님께서 특별한 방법으로 부르신 분도 계십니다. 헤븐리터치의 모든 행정 사무를 맡고 있으며, 찬양과 경배팀을 인도하는 함연숙 사무국장과 중보기도팀장이신 김홍숙 권사님이 그런 경우입니다.

동역자로 부르심

함연숙 국장은 온누리교회에서 월요말씀치유집회를 시작하고 약 6개월쯤 지났을 무렵 우리와 함께 사역하게 되었습니다. 어느 날 월요말씀치유집회에 함연숙 집사가 참석했습니다. 그런데 집회가 끝날 즈음 하나님께서 '저 자매를 사역팀에 합류시켜라. 너와 같이할 사람이다' 라는 마음을 주셨습니다.

사실 함 집사는 내가 내적치유위원회에서 사역할 때부터 내적치유에 참석하곤 해서 안면이 있었습니다. 그러나 그에 대해 잘 알지 못했습니다. 막상 월요말씀치유집회에서는 처음 보게 되었고, 함 집사의 과거 모습을 떠올리니 도저히 우리와 함께 사역할 수 없다는 생각마저 들었습니다.

함 집사는 내적치유집회에 참석할 때마다 늘 울고 있었습니다. 온 세상 짐을 다 짊어진 것처럼 얼굴이 너무 어두웠습니다. 언뜻 봐도 문제가 많은 사람이라고 생각할 수밖에 없었습니다. 그런데 하나님께서 갑자기 그런 함 집사를 부르라고 말씀하시는 겁니다. 인간적으로는 이해가 되지 않았지만, 순종이 제사보다 낫다는 것을 알기에 집회를 마치자마자 그를 찾아가 말했습니다.

"하나님께서 집사님과 함께 사역하기를 원하시는 것 같습니다. 그러니 집사님도 기도해보십시오."

뜬금없는 제안에 함 집사도 어리둥절할 뿐이었습니다. 나를 이상하게 생각했는지도 모릅니다. 그러나 하나님께서 마음을 주셨기에 나는 전할 수밖에 없었습니다. 그리고 2주일 쯤 지나 함연숙 집사가 우리 팀에 스태프로 들어오게 되었습니다. 놀랍게도 하나님께서는 사역 팀에 가장 필요한 반주자 및 찬양팀 리더로 그를 예비해놓으셨고, 그의 순종과 헌신된 마음을 사용하셔서 HTM의 모든 행정 사무를 그를 통해 이끌어 가고 계십니다. 그는 내적치유를 통해 인생을 변화시킨 대표적인 예입니다.

한 명을 부르자 두 명이 따라온 은혜

또 한 사람 하나님께서 내게 직접 부르라고 하신 분이 계십니다. 2007년 12월, 양재 온누리교회에서 모임이 있었습니다. 그 모임에 참석했다가 우연히 고개를 돌리는데 한 사람을 보게 되었습니다. 그를 보는 순간 하나님께서 '저 사람이 너와 함께할 사람이니 불러라' 하는 내면의 음성을 강하게 주셨습니다. 그가 지금 중보기도팀장으로 헌신하고 있는 김홍숙 권사입니다.

그 당시 나는 그가 누군지 전혀 몰랐습니다. 너무나 뜻밖의 말씀이었기에 나는 하나님께 되물었습니다.

"하나님, 저 사람이 누군지도 모르는데 어떻게 부릅니까? 사람을 함부로 뽑으면 안 되지 않습니까?"

그러자 '아니다, 너와 같이할 사람이니 불러라'라는 마음을 거듭 부어주셨습니다. 그래서 나는 하나님께 이렇게 말씀드렸습니다.

"제가 하나님의 말씀을 제대로 들었는지 혹시 잘못 들은 것은 아닌지 모르니 오늘 정면으로 다시 한번 시선이 마주치면 주님의 뜻이라 믿고 내가 그에게 이야기를 하겠습니다."

그렇게 하고 나는 무심히 그 일을 잊어버렸습니다. 그런데 모임이 끝나고 나가는 길에 김홍숙 권사님과 그의 남편인 이화영 장로님(현 HTM 총괄책임자)과 딱 마주쳤습니다. 이화영 장로님은 나와 장로 동기이기 때문에 안면이 있었지만, 김 권사님이 그의 아내라는 사실은 그날 처음 알았습니다. 나는 하나님의 부르심을 확신하고 장로님에게

다가가 이렇게 말씀드렸습니다.

"갑작스러우시겠지만, 하나님께서 권사님이 우리 사역에 같이하기를 원하십니다."

그런데 정작 그들은 우리 사역이 뭔지도 모르고 계셨습니다. 물론 월요말씀치유집회를 인도한다는 것 정도는 알고 있었겠지요. 나는 이 말만 덧붙이고 그 자리를 떠났습니다.

"기도해보십시오. 내가 좋아서 결정한 것도 아니고 내가 두 분에 대해 잘 알고 그러는 것도 아닙니다. 다만 하나님께서 말씀하시기에 전하는 것뿐입니다."

며칠 후 그 분들로부터 함께하겠다는 연락이 왔습니다. 사실 무척 뜻밖이었습니다. 그 분들은 이미 교회 여러 사역에 동참하여 리더로 섬기고 있었기 때문입니다. 그때가 2007년 말이었습니다. 월요말씀치유집회가 짧은 시간에 제법 크게 성장해 있었고 그렇기 때문에 나는 이화영 장로와 김홍숙 권사 부부를 포함해 몇 분의 집사 부부를 팀의 일원으로 영입할 작정이었습니다.

그런데 바로 그 무렵 갑작스럽게 교회에서 더 이상 집회를 하지 못하게 되었고 그래서 당시 팀에 합류하고자 했던 분들 대부분이 새로운 사역에 함께하는 것을 포기했습니다. 더 이상 교회 사역도 아니고 어떻게 될지도 모르는데 나를 따라 외부에서 감당해야 할 사역에 동참할 이유가 없기 때문입니다. 나는 김홍숙 권사와 이화영 장로 부부도 당연히 동참하지 않을 것이라고 생각했습니다.

그런데 다음에 만났을 때 내가 깜짝 놀란 것은 이화영 장로님이 이렇게 말씀해주셨기 때문입니다.

"하나님께서 제게 새로운 소명을 허락하셨는데, 어떤 어려움이 있더라도 제가 하나님의 부르심에 순종해야 되지 않겠습니까?"

그만큼 그는 하나님의 부르심을 확신했고 그렇기 때문에 내가 전한 말 한마디도 가볍게 생각하지 않고 반응한 것입니다. 아내를 불렀는데 그 남편까지 하나님의 부르심에 순종하여 지금은 성전의 두 기둥 야긴과 보아스 같이 헤븐리터치의 든든한 사역자로 서 있습니다. 김권사님은 어린아이 같은 순수함으로 모든 사람들의 마음을 녹이는 영적 어미의 역할을, 이 장로님은 주님이 주신 달란트로 모든 사역의 행정과 관리 부문의 총괄책임자로 HTM을 이끌어가고 있습니다.

> 이 두 기둥을 성전의 주랑 앞에 세우되 오른쪽 기둥을 세우고 그 이름을 야긴이라 하고 왼쪽의 기둥을 세우고 그 이름을 보아스라 하였으며 왕상 7:21

하나님나라의 복음을 선포하는 동역자들

성령충만한 과학자

강영재 장로님은 조지아대학교 유학 시절, 아덴스한인장로교회에서 함께 신앙생활을 했던 분입니다. 창조과학회에서도 동역했으며 이제는 치유사역도 함께하고 있습니다. 강 장로님도 나와 마찬가지로 가장 이성적이라 하는 과학자인 동시에 성령님께 사로잡힌 성령사역자로 아내와 함께 섬기고 있으며 기도사역팀장을 감당하고 있습니다. 뿐만 아니라 특유의 꼼꼼함과 섬세함으로 HTM의 소식지와 모든 출판물의 편집을 도맡아 하고 있습니다.

킹덤 비즈니스에 앞장서는 CEO

이 책에서 인생의 모든 여정을 다 소개할 수는 없지만 마치 요셉과 같은 삶을 살며 킹덤 비즈니스를 개척해나가는 분이 있습니다. 이동규 집사님입니다.

그는 수많은 좌절과 어려움 속에서도 기도하며 주님의 인도함을 받아온 신실한 CEO로서 최근에는 하나님의 놀라운 섭리로 러시아 모스크바에 위치한 '템프 오토 그룹'이라는 러시아 회사의 회장으로 킹덤 비즈니스를 행하고 있습니다. 그는 현재 HTM의 킹덤 비즈니스 팀장으로 아내와 함께 섬기고 있습니다.

하나님나라의 홍보 대사 미스 헤븐

헤븐리터치 스태프 가운데 이효진 자매는 특별한 성장 과정을 보냈습니다. 어려서 얼굴에 3도 화상을 입고 정신적 육체적으로 큰 고통을 겪었고, 어머니마저 갑자기 세상을 떠나시자 삶이 너무 고달파 자살까지 시도했습니다.

그러다 누군가의 소개로 월요말씀치유집회에 참석하게 되었고, 집회에서 하나님나라의 복음을 듣고 세상을 새롭게 보게 되었습니다. 그리고 HTM 킹덤빌더스쿨과 내적치유스쿨을 통해 그의 삶이 완전히 바뀌었고 사역자가 되었습니다.

성령님의 은혜 가운데 변화된 효진 자매는 자칭 타칭 '미스 헤븐'이라는 별명으로 불리게 되었습니다. 미스 코리아는 아니지만 하나님나라의 미인이 되었다는 뜻의 미스 헤븐이 된 것입니다. 얼굴 3도 화상의 상처를 딛고 하나님나라의 홍보대사를 자처했기 때문입니다.

효진 자매는 이런 감동적인 고백을 했습니다.

"예수님이 없는 깨끗한 얼굴보다 예수님이 계시는 화상 입은 얼굴을 택하겠습니다."

미스 헤븐 효진 자매는 HTM 사역자로 섬기게 되면서 자연스럽게 규장의 여진구 대표를 알게 되어 그의 책 《네 약함을 자랑하라》를 출간하게 되었고, 그 책을 계기로 그의 큰 소망이었던 멋진 형제를 만나 지금은 미세스 헤븐이 되었습니다.

헤븐리터치의 특별한 기장님

김광렬 집사는 대한항공 기장입니다. 좀처럼 스케줄을 맞추기 어려운 분이지만 지금도 시간이 될 때마다 월요말씀치유집회에 참석하여 스태프로 섬기고 있습니다. 김광렬 집사는 이전부터 헌신된 분으로 부부가 함께 온누리 M센터에서 외국인 근로자들을 섬기고 있습니다.

하나님의 권능이 없이는 사람을 변화시킬 수 없다는 사실을 깊이 깨달았으며 대한항공 신우회 주관, 직장인 대상 킹덤빌더스쿨에 참가한 이후 헤븐리터치 사역에 동참하고 있습니다.

특별히 그는 HTM 해외사역이 있을 때 가능하면 스케줄을 미리 조정하여 자신이 조종하는 비행기로 사역팀과 동행하곤 합니다. 한번은 호주 시드니 집회에 맞추어 비행 스케줄을 조정해서 먼저 그곳에 당도해 있다가 집회 기간 동안 스태프로 섬긴 다음 함께 돌아온 적도 있습니다.

집회 기간 내내 우리는 그를 "우리 헤븐리터치의 기장님"이라고 소개했습니다. 그러자 "손기철 장로는 전용 비행기를 타고 사역을 다니는가보다" 하는 소문이 났다는 말을 듣기도 했습니다.

몸과 정신, 영혼까지 치유하는 정신과 의사

모 의과대학 정신과 교수인 김석현 집사는 의사이지만 치료의 주권이 하나님께 있음을 분명히 아는 분입니다. 같은 교수이지만 그는 영적인 리더십에 순종하는 것이 무엇인지를 알았으며, 치유사역의 의학적 부분을 대변하고 하나님의 살아 계심을 나타낼 수 있는, 하나님이 예비하신 귀한 동역자로서 아내와 함께 섬기고 있습니다.

사람들은 대부분 자신의 학문에 성경 말씀을 끌어들이려 하지만 그는 자기 학문 위에 성경을 올려놓는 사람이었습니다. 따라서 그는 하나님나라의 복음을 위한 사역을 함께할 분이라 확신할 수 있었습니다.

눈에 보이지 않는 것을 찍는 헤븐리 포토그래퍼

탤런트 김혜자 권사의 책 《꽃으로도 때리지 말라》의 표지 사진을 찍은 전문 사진작가인 주명규 집사는 나의 책을 보고 집회에 참석하여 은혜를 받고 달란트대로 사진으로 봉사하다가 헤븐리터치의 스태프로 헌신하게 된 경우입니다.

그는 HTM의 미디어 팀장으로 모든 영상 제작을 총괄하며 국내외 거의 모든 집회에 동행하여 사진 및 영상 촬영, 음향 작업에 이르기까지 여러 일로 섬기는 하나님의 숨은 사람입니다.

하늘의 음률을 연주하는 음악가

또 현재 찬양과 경배팀에서 기타와 플루트로 섬기는 박성호, 신주연 부부는 선교사 자녀(MK, Missionary Kid)로 두 사람 모두 오스트리아에서 유학한 음악가입니다. 형제는 클래식기타를 연주하고 대학에서 강의를 하고, 자매는 플루트(flute)를 연주하는 코리안 심포니 단원이지요. 이 부부는 사역자가 되기 약 2년 전부터 말씀치유집회에 참석했고, 함께 헤븐리터치 스태프로 헌신하는 것이 큰 축복이라고 고백합니다.

2010년에 나는 박성호 형제를 위해 작곡과 작사에 기름부으심이 넘치기를 위하여 기도해주었습니다. 그 후 하나님께서 길을 열어주시어 십여 곡의 기름부으심이 넘치는 경배찬양을 작곡 작사하였고 현재 음반을 준비 중입니다.

지면 관계상 모든 분들을 소개하지 못해 안타깝지만 스태프 한 분 한 분 정말 하나님의 특별한 인도하심을 따라 헤븐리터치에서 함께하고 있으며, 하나님이 행하신 놀라운 간증의 증인들이라는 것만큼은 분명합니다. 언젠가 스태프들의 간증을 모아 책을 내면 어떨까 하는 소망도 품고 있습니다.

각 분야에서 너무나 다양한 일들을 하는 분들이 모였지만 이들의 공통점은 명백히 하나입니다. 모두들 성령님을 좇아 살아가는 것을 최고의 기쁨으로 여기며 이 땅에서 하나님나라를 도래케 하는 킹덤빌더의 삶을 살아가고자 한다는 것입니다.

하나님께서 특별한 사람만 동역자로 부르시는 것이 아닙니다. 성령님의 인도하심에 순종하여 그분을 따라 살고자 하는 당신이 바로 성령님의 동역자입니다.

> 우리는 하나님의 동역자들이요 너희는 하나님의 밭이요 하나님의 집이니라 고전 3:9

8
성령님과 함께 세상을 하나님나라로 변화시키는 킹덤빌더

세상을 향해 나아가는 사람

하나님이 내게 주신 소명은 사람들을 킹덤빌더(kingdom builder)로 세우는 것입니다. 즉, 예수 그리스도의 인격과 성령님의 권능이 나타나는 삶을 살아가는 사람들을 세우는 것입니다. 그것이 하나님나라를 이루는 길이기 때문입니다.

따라서 헤븐터치 미니스트리(HTM)에서 가장 중요하게 여기는 사역 중 하나가 킹덤빌더를 훈련하고 양성하는 킹덤빌더스쿨(Kingdom Builder School)입니다. 예수 그리스도의 십자가와 부활에 따른 하나님나라의 복음과 그 복음을 위해 살아가는 삶에 대해 집중적으로 교육하여 이 땅에 하나님나라를 세우는 킹덤빌더로서 실제적인 삶을 살아가게 하는 과정입니다.

그렇다면 구체적으로 킹덤빌더(Kingdom Builder)란 어떤 사람일까요? '킹덤빌더'란 말 그대로 하나님나라를 세우는 사람을 뜻합니다. 예수 그리스도의 성품과 권능을 가진 자가 기름부으심을 받고 교회에 기초하여 이 세상에 하나님나라를 이루어가는 사람입니다. 세상에서 교회 안으로 들어가는 자가 아니라 교회에서 세상으로 나아가 세상을 변화시키는 사람입니다. 한마디로 사도행전 1장 8절의 말씀을 이루는 사람입니다.

> 오직 성령이 너희에게 임하시면 너희가 권능을 받고 예루살렘과 온 유대와 사마리아와 땅 끝까지 이르러 내 증인이 되리라 하시니라 행 1:8

지금까지는 사람을 교회로 모으는 '전도'가 중요했다면, 이제는 자기 자신이 교회가 되어 자신의 가정에서, 일터에서, 생활권 안에서 하나님나라를 이루고 하나님이 통치하시는 곳으로 만들어가는 사람, 즉 킹덤빌더가 중요합니다.

킹덤빌더는 세상의 영향을 받는 것이 아니라 세상에 영향력을 끼치는 사람입니다. 다른 말로 예수님의 메시지를 전하는 자가 아니라 자신이 메시지가 되어 궁극적으로 세상의 규범과 체제와 시스템을 하나님나라의 규범과 체제와 시스템으로 바꾸는 자들입니다.

이 킹덤빌더를 세우기 위한 킹덤빌더스쿨에서는 HTM의 비전과 역할, 교회의 부흥과 사회개혁, 기독교 세계관과 새로운 패러다임, 제자와 킹덤빌더, 하나님나라의 복음, 십자가의 도(道)와 성령, 사고체계의 변혁, 예수님의 천상사역과 킹덤 멘털리티, 성경적 재정관리, 새로운 피조물의 삶 등에 대해 가르칩니다.

영향력을 잡아라

특별히 전략적으로 세상에 영향력이 지대한 사람들에게 역으로 영향력을 끼쳐서 그들의 변화된 영향력이 세상에 흘러가도록 하고자 합니다. 하나님나라의 영향력이 좀 더 전략적으로 세상에 끼쳐지도록 하려는 것입니다.

이 전략은 하나님께서 HTM 센터를 보여주셨을 때 함께 보여주신 것입니다. 이 세상에 영향력을 끼치는 사람을 변화시키면 그들이 이 세상에서 가진 영향력이 하나님나라를 이루는 영향력으로 변화될 수 있다는 전략입니다.

예를 들어, 오늘날 우리가 강력히 대적해야 할 영역 중 하나가 '물질만능주의'입니다. 현실의 경제구조 속에서 많은 사람들이 맘몬이즘에 빠져 있기 때문입니다. 그렇다면 문제 해결의 열쇠는 누구에게 있을까요? 많은 경우, 비즈니스를 경영하는 CEO가 문제의 키를 잡고 있습니다. 그들이 물질과 권력을 가지고 세상에 영향을 미치기 때문입니다. 따라서 그런 사람들을 변화시킨다면 사탄에게 빼앗긴 물질이 다시금 하나님나라로 돌아올 것이고, 그들의 영향력이 하나님나라를 이루는 영향력으로 변화될 것입니다.

이는 특별한 사람들만을 위한 사역이 아닙니다. 그들이 가진 영향력을 하나님이 기뻐하시는 방향으로 흘려보낼 수 있는 하나의 전략일 뿐입니다. 마찬가지 이유로, 나는 다음 세대를 책임질 차세대를 위한 사역이 중요하다고 생각합니다. 그들이 변화되면 이 나라의 미래가 바뀌기 때문입니다. 그래서 앞으로는 대학생과 청년들을 위한 사역에 좀 더 주안점을 두려고 합니다.

건국대학교 안에 세워진 킹덤빌더

한 예로, 내가 적(籍)을 두고 있는 건국대학교 교수들을 위한 킹덤빌더스쿨을 진행한 적이 있습니다.

나는 2006년부터 건국대학교 대학 교회의 대표로 섬기고 있습니다. 그동안 소속된 교직원선교회를 통해 학생 전도나 여러 가지 집회 등 다양한 일들로 섬겨왔지만, 그것은 한시적인 영향만 끼칠 뿐 학교를 복음화하는 데 궁극적인 영향을 끼칠 수 없었습니다. 그러다가 기도하던 중 하나님께서 아이디어를 주셨습니다.

'나 혼자 하려고 생각하지 말고 교수들을 킹덤빌더로 변화시키면 되잖아!'

그들이 변화되면 그들을 통해 학생들이 변화될 것입니다. 하나님께서는 대학교수가 변하면 학생이 변하고, 학생이 변해야 사회가 변한다는 사실을 깨닫게 하셨습니다. 그래서 건국대학교 교수들을 대상으로

2년 동안 매주 목요일마다 3기에 걸쳐 킹덤빌더스쿨을 진행했습니다.

처음에는 대부분 호기심으로 한 번 접했다가 킹덤빌더스쿨을 통해 변화되어, 이제는 단지 신앙생활을 하는 데 그치지 않고 어떻게 하면 자신에게 허락하신 일터를 하나님나라로 바꿀 수 있을까를 고민하며 기도하는 사람들이 되었습니다.

대학 교수들이 모여서 킹덤빌더스쿨을 하는 이유는 하나님의 일을 더 많이 하기 위해서가 아닙니다. 그들이 하는 교육, 연구, 봉사 분야에 하나님의 통치권이 회복되도록 하기 위해서입니다. 지금까지는 신앙이 좋은 교수가 따로 시간을 내어 하나님 일에 헌신하는 것으로 만족했습니다.

그러나 진정한 킹덤빌더는 각자의 분야에서 하나님의 지혜와 전략을 풀어낼 수 있어야 합니다. 그 이유는 자기 자신을 위해서가 아니라 각자 전공 분야의 시스템과 규범을 하나님나라의 것으로 바꾸기 위해서입니다.

놀랍게도 건국대학교 킹덤빌더스쿨을 마친 교수 중에서 건국대학교에서 최고 명강의상(Best Teacher Award)을 받는 분도 나왔고, 최고의 연구센터를 운영하는 분도 계십니다. 나는 그들이 자신의 분야에서 하나님의 통치를 인정하기 시작했을 때 성령님의 도우심으로 탁월한 성과를 내기 시작했다고 믿습니다.

또 2년 전부터 킹덤빌더 교수님들이 주축이 되어 건국대학교가 하나님이 통치하시는 하나님나라가 되도록, 매주 목요일 정오에 1시간씩 기도회로 모이고 있습니다. 학생, 교수, 교직원, 선교단체 간사 등 현재 60여 명이 모여서 기도하고 있지만 언젠가 2천 명이 모여서 기도할 것을 꿈꿉니다.

직장의 신우회 역시 그저 믿는 자들의 모임 정도에 그쳐서는 안 됩니다. 신우회는 사업체나 학교나 단체를 하나님나라로 바꾸기 위한 모임이 되어야 합니다. HTM의 목적 역시 사회 각 분야에 걸쳐서 킹덤빌더를 세워나가는 것입니다. 그것이 이 땅에 하나님나라를 이루는 길이기 때문입니다.

단계별로 주신 세 가지 비전

킹덤빌더를 세워 각 분야별로 하나님나라를 세워나가고자 하는 비전을 품고 정리하기까지 하나님께서는 내게 세 가지 비전을 점진적으로 보여주셨습니다.

첫 번째 비전은 전인적인 치유사역입니다.

2003년, 하나님께서는 나에게 치유사역에 대한 열망을 부어주셨습니다. 내가 내적치유를 하게 된 것은 내가 원해서가 아니라 하나님께서 이끄신 일이었습니다. 나 자신이 먼저 내적치유를 받고 다른 사람의 내적치유를 돕다보니, 단지 마음을 치유하는 것뿐만 아니라 '전인적인 돌봄'이 필요하다는 것을 알게 되었습니다. 육신의 질병도 치유하고 마음도 치유하고 악한 영(靈)을 쫓아내 영혼도 치유하는 전인적인 치유사역을 해야겠다는 소원함을 주셨습니다. 그것이 하나님께서 주신 첫 번째 비전이었습니다.

두 번째 비전은 하나님나라의 복음에 대한 것입니다.

2005년 모교 조지아대학이 있는 조지아 주(州) 아덴스에 가서 안식년을 보내면서 내가 정말 치유사역자가 맞는지, 이것이 정말 하나님께서 주신 비전이 맞는지를 놓고 기도할 때였습니다. 그때 하나님께서는 치유사역에 대한 확증과 함께 '하나님나라의 복음'에 대한 비전을 주셨습니다. 바로 처음 그곳에서 하나님이 없다는 것을 증명하기 위해 신앙생활을 시작한 지 20년이 지나서입니다. 20년이 지난 다음 나를 다시 그 장소로 부르셔서 하나님나라의 복음의 진리가 무엇인지를 말씀을 통해 가르쳐주신 것입니다.

그때 하나님께서 원하신 것은 더 나은 세상이 아니라 새로운 세상에 대해서 이야기하라는 것이었습니다. 하나님께서 진정으로 원하시는 것은 이 세상에서 예수를 믿고 승리하는 삶뿐 아니라, 더 나아가 아직 완전하지는 않아도(not yet) 이미(already) 이 땅에 도래한 하나님나라에서 하나님의 친 백성으로서 주(主)의 뜻을 이루라는 것입니다. 이것을 가능하게 하는 놀라운 은혜의 삶은, 오직 길이요 진리요 생명이신 예수 그리스도 한 분만을 통해 이루어질 수 있다는 것이 바로 복음의 진리입니다.

이 땅에서 열심히 신앙생활 해서 더 나은 삶, 더 좋은 신앙인, 더 의로운 사람이 되는 것이 전부가 아닙니다. 하나님나라가 이 땅에 도래했다는 것을 깨닫고 그 나라의 삶을 살아가야 하는 것입니다. 그것이 우리에게 복음을 주신 이유, 즉 예수님이 십자가에서 죽으시고 부활하신 이유입니다.

그 당시에 나는 하나님나라에 대해서 잘 알지 못했습니다. 그럼에도 불구하고 하나님께서 그것을 나타내도록 안식년 기간에 책(기름부으심이 넘치는 치유와 권능)을 쓰게 하셨고 그 후로 계속 하나님나라에 대해 알리도록 하셨습니다.

세 번째 비전은 이 세상을 하나님나라로 변화시켜나가는 일에 대한 것입니다. 나는 2008년에 HTM 사역을 시작하면서 "그렇다면 치유사역과 함께 하나님나라의 복음을 전하면서 구체적으로 어떻게 사회를 변화시킬 것인가?"를 놓고 기도하기 시작했습니다. 그럴 때 하나님께서 보여주신 비전이 사회 변화에 대한 것입니다. "이 땅에 하나님나라를 나타내는 것"이 진정한 변화이며, 그것을 위해 하나님께서 내게 주신 치유사역의 기름부으심을 통해 이 세상에 하나님나라가 도래하였음을 나타내라고 하신 것입니다. 말하자면, 치유사역과 하나님나라의 복음과 사회 변화의 개념이 통합되는 과정인 셈입니다.

그 결과, 킹덤빌더들이 가져야 할 관점과 사고체계를 정리하면서 그것을 하나님나라 백성의 정신(사고체계), 즉 '킹덤 멘털리티'(kingdom mentality)라는 용어로 표현하게 되었습니다.

킹덤 멘털리티란?

킹덤 멘털리티란 한마디로, 이 땅을 사는 그리스도인이 자신의 정체성을 분명하게 인식하고, 그리스도의 영에 인도함을 받아 하나님나라의 관점에서 세상을 바라보는 사고방식을 말합니다. 하나님께서 '하나님나라의 복음과 킹덤 멘털리티'라는 관점을 처음 깨닫게 하시고(물론 그때 충분히 이해한 것은 아닙니다) 계속 킹덤 멘털리티에 대한 관점을 구체화하도록 인도하셨습니다.

오늘날 많은 그리스도인들이 이 세상의 사고방식과 이 세상의 관점으로 예수 그리스도를 닮아가고 하나님을 더 열심히 섬기려 하는 신앙생활에 초점을 맞추고 있습니다. 인간의 이성과 노력으로 성경의 말씀을 지켜 행하는 신앙생활을 하고 있는 것입니다. 그러나 인간의 노력으로는 이 땅에서 하나님나라의 삶을 살 수 없습니다. 성령님의 인도하심으로 하나님의 믿음을 가지고 주님의 말씀이 이 땅에 실체로 이루어지도록 해야 합니다. 하나님께서는 이 사실을 깨닫게 하셨습니다. 우리는 성령님의 인도함을 받는 새로운 사고체계를 가져야 합니다. 그것이 킹덤 멘털리티입니다.

> 너희가 서로 거짓말을 하지 말라 옛 사람과 그 행위를 벗어 버리고 새 사람을 입었으니 이는 자기를 창조하신 이의 형상을 따라 지식에까지 새롭게 하심을 입은 자니라 골 3:9,10

> 무릇 하나님의 영으로 인도함을 받는 사람은 곧 하나님의 아들
> 이라 롬 8:14

예수의 생명에서 출발한다

계속해서 말씀을 읽으며 킹덤 멘털리티를 묵상하는 가운데 하나님께서 킹덤 멘털리티의 특징을 세 가지로 요약해주셨습니다.

첫째, 킹덤 멘털리티를 가진 사람은 '나' 중심이 아닙니다.

갈라디아서 2장 20절의 말씀과 같이 나는 죽고 예수가 내 안에 사는 것이 그리스도인의 삶입니다. 따라서 삶의 모든 영역에서 육신에 기초한 '내'가 출발점이 되어서는 안 됩니다.

> 내가 그리스도와 함께 십자가에 못 박혔나니 그런즉 이제는 내
> 가 사는 것이 아니요 오직 내 안에 그리스도께서 사시는 것이라
> 이제 내가 육체 가운데 사는 것은 나를 사랑하사 나를 위하여 자
> 기 자신을 버리신 하나님의 아들을 믿는 믿음 안에서 사는 것이
> 라 갈 2:20

나의 옛 자아와 옛 본성은 죽었고 이제 그리스도 안에서 새로운 피조물이 되었으므로, '나' 중심으로 나와 하나님과의 관계를 형성해서는 안 됩니다.

> 그런즉 누구든지 그리스도 안에 있으면 새로운 피조물이라 이전 것은 지나갔으니 보라 새 것이 되었도다 고후 5:17

그렇다면 새로운 피조물이 된 나의 삶의 기초는 어디에 있을까요? 바로 나의 생명이 되신 예수 그리스도가 삶의 기초가 되어야 합니다. 그래서 삶의 모든 관점과 사고방식이 '나의 생명'이 아니라 '예수의 생명'의 관점에서 시작되어야 합니다. 예를 들어, 성경을 읽더라도 '나와 하나님과의 관계가 어떤가?' 하는 식으로 보는 것뿐만 아니라 더 나아가 그리스도 안에서 새로운 피조물로서의 나, 즉 내 안에 계신 그리스도의 관점에서 출발하는 시각을 가져야 하는 것입니다.

의인의 눈으로 타락된 세상을 본다

둘째, 킹덤 멘털리티를 가진 사람은 타락 이전의 관점에서 타락 이후의 삶을 봅니다.

모든 인간은 아담 이후로 타락 이후의 삶을 살고 있습니다. 하지만 우리가 예수 그리스도를 믿고 신앙이 깊어질수록 타락 이전 태초의 아담과 같은 상태로 돌아가고 싶다는 마음을 품게 됩니다. 즉, 타락 이후의 관점에서 타락 이전의 삶을 지향하게 된다는 말입니다.

그러나 킹덤 멘털리티는 그것과 반대의 관점을 갖는 것입니다. 십자가를 통과한 부활의 생명으로 덧입은 우리는 이미 타락 이전으로 돌아온 상태입니다. 우리 안에 예수님이 들어와 계시기 때문입니다.

우리는 아담으로 말미암아 죄인이 되었으나 예수님 한 분으로 말미암아 의인이 되었습니다.

> 한 사람이 순종하지 아니함으로 많은 사람이 죄인 된 것같이 한 사람이 순종하심으로 많은 사람이 의인이 되리라 롬 5:19

> 그리스도께서도 단번에 죄를 위하여 죽으사 의인으로서 불의한 자를 대신하셨으니 이는 우리를 하나님 앞으로 인도하려 하심이라 육체로는 죽임을 당하시고 영으로는 살리심을 받으셨으니
> 벧전 3:18

그렇다면 우리는 이제 의인입니다. 그리스도 안에서 의로운 자라면 이미 타락 전으로 돌아와 있는 것입니다. 따라서 우리 안에 계신 예수님께서 보시는 관점대로 세상과 삶을 바라보아야 할 것입니다. 즉, 타락 전 의인으로 돌아간 관점에서 여전히 타락 후의 모습으로 남아 있는 세상을 바라보며 하나님의 뜻을 이루는 삶을 살아야 한다는 말입니다.

구원에 만족하는 삶이 아니라 하나님의 뜻을 이루는 삶을 살아야 합니다. "이 땅에서의 삶은 어쩔 수 없이 죄인의 삶이다. 때가 되면 천국에 갈 것이다. 그때까지는 어쩔 수 없다"라는 관점은 옳지 않습니다. 완전하지는 않지만 이미 하나님나라가 도래했습니다. 우리는 예

수님의 피 값으로 의인이 되었습니다. 그러니 이제는 타락 전 삶의 상태에서 타락 후 삶을 바라보며, '타락 후의 삶을 어떻게 바꿀 것인가?' 하는 것이 우리의 관점이 되어야 합니다.

구원 이후의 삶에 대한 관점과 방향이 이처럼 완전히 다릅니다. 그런데도 우리는 여전히 타락 후의 관점에서 타락 전의 삶을 사모하는 것처럼 신앙생활 하고 있습니다. 이것은 우리가 속고 있는 것입니다.

> 너희는 이 세대를 본받지 말고 오직 마음을 새롭게 함으로 변화를 받아 하나님의 선하시고 기뻐하시고 온전하신 뜻이 무엇인지 분별하도록 하라 롬 12:2

이 말씀은 타락 후의 관점, 즉 세상의 관점에서 천국을 바라보는 우리의 사고방식이 얼마나 잘못되었는지를 지적합니다. 우리는 우리를 창조하신 하나님의 형상을 따라 우리의 지식에까지 새롭게 하심을 입은 자입니다.

하나님나라의 관점으로 이 땅을 본다

셋째, 킹덤 멘털리티를 가진 사람은 이미 도래한 하나님나라에서 이 땅을 바라보는 관점을 가집니다.

그동안 우리는 이 땅에서 천국을 바라보는 관점의 신앙생활을 해왔습니다. 그러나 우리에게는 이미 하나님나라가 도래했기 때문에 하나님나라에서 이 땅을 바라보는 관점을 가지고 살아가는 신앙생활을 해야 합니다.

우리의 시민권은 하늘에 있습니다. 그 시민권을 가지고 이 땅으로 보내심을 받는 자의 삶을 사는 것입니다.

> 그러나 우리의 시민권은 하늘에 있는지라 거기로부터 구원하는 자 곧 주 예수 그리스도를 기다리노니 빌 3:20

이사야서에 보면 하나님나라에 계신 하나님께서 뜻이 하늘에서 이룬 것같이 이 땅에 이루어지도록 하기 위해서 "누가 우리를 위하여 갈꼬?" 하시며 보낼 사람을 찾으실 때 이사야가 "나를 보내소서"라고 응답했습니다. 이것이 바로 킹덤 멘탈리티의 관점입니다.

> 내가 또 주의 목소리를 들으니 주께서 이르시되 내가 누구를 보내며 누가 우리를 위하여 갈꼬 하시니 그 때에 내가 이르되 내가 여기 있나이다 나를 보내소서 하였더니 사 6:8

우리는 세상으로 파송을 받은 자입니다. 전 주중대사이신 김하중 장로님이 성령님의 인도하심을 따라 하나님의 음성을 들으며 살아온 삶의 이야기를 《하나님의 대사》라는 책으로 쓰셨습니다. 이 책의 제목 그대로 우리는 하나님나라의 백성으로서 이 땅에 파송된 하나님의 대사입니다. 우리는 하나님의 대사 자격으로 이 땅에서 살아가는 것입니다. 그저 이 땅에 육신으로 있다가 때가 되면 천국 가는 것이 아닙니다. 골로새서 3장 말씀이 바로 이것을 말해주고 있습니다.

> 그러므로 너희가 그리스도와 함께 다시 살리심을 받았으면 위의 것을 찾으라 거기는 그리스도께서 하나님 우편에 앉아 계시느니라 위의 것을 생각하고 땅의 것을 생각하지 말라 이는 너희가 죽었고 너희 생명이 그리스도와 함께 하나님 안에 감추어졌음이라
>
> 골 3:1-3

우리는 하나님나라에 들어갔습니다. 그러니 이제는 땅의 것에 관심을 둘 것이 아니라 하늘에 관심을 가져야 합니다. 이 말은 죽고 난 다음에 가는 하늘에 있는 천국만을 바라보며 살아야 한다는 것이 아니라, 하나님나라가 이 땅에 임했고 그 결과로 주의 말씀이 하늘에서 이루어졌기 때문에 믿음으로 그 말씀을 어떻게 이 땅에 실체로 변화시키느냐가 우리의 관심사가 되어야 한다는 뜻입니다. 또 그 관점으로 살아가야 하는 것입니다.

성경을 새롭게 보는 눈

하나님나라의 복음을 보게 하시고 킹덤 멘털리티의 관점을 알게 하신 하나님께서는, 그 관점으로 성경을 새롭게 보게 하셨습니다.

새로운 관점에서 성경을 보기 시작하자 평소 익숙하게 지나쳤던 말씀 가운데 나를 매우 놀라게 한 말씀이 있습니다. 그것은 바로 교회 다니는 사람이라면 누구나 다 알고 있고 대부분 암송까지 하는 요한복음 3장 16절 바로 다음에 이어지는 17절 말씀입니다. 나 역시 교회 다니면서 가장 먼저 외운 말씀이 요한복음 3장 16절 말씀이었습니다.

> 하나님이 세상을 이처럼 사랑하사 독생자를 주셨으니 이는 그를 믿는 자마다 멸망하지 않고 영생을 얻게 하려 하심이라 요 3:16

흥미로운 사실은 요한복음 3장 16절 말씀은 대부분 다 암기하지만, 17절 말씀을 알고 있거나 암기하는 사람은 거의 없더라는 것입니다.

> 하나님이 그 아들을 세상에 보내신 것은 세상을 심판하려 하심이 아니요 그로 말미암아 세상이 구원을 받게 하려 하심이라 요 3:17

이 말씀을 묵상하는 가운데, 이 세상과 관련하여 사도행전 1장 8절, 마태복음 28장 20절 그리고 마태복음 6장 10절 말씀이 모두 연결된다는 사실을 깨달았습니다. 즉, 우리를 통해 세상을 구원하시기 위해서 우리에게 성령충만을 주기 원하시며, 이 땅에 주(主)의 뜻을 이루기 위해 모든 민족에게 세례를 주고 그 일을 위하여 주님께서 우리와 영원히 함께하시는 것입니다.

> 오직 성령이 너희에게 임하시면 너희가 권능을 받고 예루살렘과 온 유대와 사마리아와 땅끝까지 이르러 내 증인이 되리라 하시니라 행 1:8

> 예수께서 나아와 말씀하여 이르시되 하늘과 땅의 모든 권세를 내게 주셨으니 그러므로 너희는 가서 모든 민족을 제자로 삼아 아버지와 아들과 성령의 이름으로 세례를 베풀고 내가 너희에게 분부한 모든 것을 가르쳐 지키게 하라 볼지어다 내가 세상 끝날까지 너희와 항상 함께 있으리라 하시니라 마 28:18-20

> 나라가 임하시오며 뜻이 하늘에서 이루어진 것같이 땅에서도 이루어지이다 마 6:10

하나님나라의 복음

예수님이 전하신 복음이 바로 '하나님나라'였습니다. 좀 더 정확하게 표현하면 예수님이 바로 복음이시고 나라이십니다. 예수님은 하나님나라를 이 세상에 이루기 위해 교회를 세우셨고, 교회를 통해 이 세상을 변화시키는 것이 예수님의 본래 뜻이었습니다. 교회가 땅 끝까지 하나님나라를 전할 때 그제야 예수님이 이 땅에 다시 오시는 끝이 올 것입니다.

그런데 안타깝게도 오늘날 많은 그리스도인들이 성령님께 의존하는 삶을 거절하기도 하고 또 그 방법을 모르는 까닭에 하나님나라의 실체를 제대로 알지 못하고 있습니다. 하나님나라는 말에 있지 아니하고 오직 능력에 있는데(고전 4:20), 성령님을 인정하지 않으니 능력이 없습니다. 그래서 하나님나라를 선포하지 못하고 그 삶을 나타내지 못하는 것입니다.

오늘날 많은 사람들이 기독교의 부(富)를 비판하며, 기독교가 세속주의와 맘몬의 영에 붙들렸다고 비판합니다. 하지만 본질은 그것이 아닙니다. 사실, 물질이 없다면 세상을 효과적으로 섬기는 것이나 세상을 변화시키기가 더 어려운 것이 사실입니다. 중요한 것은 '하나님께서 주신 부(富)에 대한 마음의 태도와 그 부를 어디에, 어떻게 사용할 것인가?'입니다.

> 돈을 사랑함이 일만 악의 뿌리가 되나니 이것을 탐내는 자들은
> 미혹을 받아 믿음에서 떠나 많은 근심으로써 자기를 찔렀도다
>
> 딤전 6:10

기독교를 통해 하나님의 복을 받고 더 많은 성도가 교회로 모이도록 한 것은 하나님의 섭리이자 첫 단계였습니다. 그런데 하나님께서 주신 소명을 받아 다시 세상으로 나아가야 한다는 다음 단계를 놓친 것이 문제입니다. 이 때문에 오늘날의 기독교가 부패한 것이며, 세상의 비난을 받고 있는 것이라고 생각합니다.

그러니 우리는 지금 이 땅에 '하나님나라'를 이루어야 합니다. 그러기 위해서는 성경의 말씀을 육신으로 지켜 행하는 것이 아니라 지금도 살아 계셔서 우리와 함께하신 그리스도의 말씀을 듣고 행해야 합니다. 그것은 오직 삼위일체 하나님이신 성령님을 통해서만 가능합니다. 예수님과의 생명적인 관계없이 단지 성경의 말씀만으로는 이 땅에서 하나님나라를 이룰 수 없습니다. 왜냐하면 말씀의 권세와 능력은 먼저 그분과의 생명적인 관계의 기초 위에 나타나기 때문입니다.

> 그 말씀이 너희 속에 거하지 아니하니 이는 그가 보내신 이를 믿지 아니함이라 요 5:38

> 너희가 내 안에 거하고 내 말이 너희 안에 거하면 무엇이든지 원하는 대로 구하라 그리하면 이루리라 요 15:7

이 두 구절 모두 먼저 예수님과의 관계가 없으면 그 말씀은 능력이 되지 못한다는 것을 말하고 있습니다. 우리는 중생(重生)할 때에 내주하시는 성령님에 더하여 성령충만함을 받아야 합니다.

그분의 영광의 임재 안에 거함으로써 그분이 나를 온전히 사로잡음으로 그분의 성품과 권능이 나타나는 하나님나라의 삶을 살아야 합니다. 즉, 세상과 육신의 생각을 따르는 자가 아니라 성령님의 생각, 곧 영의 인도함을 받아야 합니다.

> 육신을 따르는 자는 육신의 일을, 영을 따르는 자는 영의 일을 생각하나니 육신의 생각은 사망이요 영의 생각은 생명과 평안이니라 육신의 생각은 하나님과 원수가 되나니 이는 하나님의 법에 굴복하지 아니할 뿐 아니라 할 수도 없음이라 육신에 있는 자들은 하나님을 기쁘시게 할 수 없느니라 롬 8:5-8

하나님께서 다음 시대에 보여주시고자 하는 일은 무엇일까요? 그것은 이 땅에 하나님나라를 세우는 것입니다. 이 일을 위해서는 말씀과 성령이 하나임을 알아야 합니다.

성령과 말씀을 분리하는 것은 마치 그리스도와 말씀을 분리하는 것과 같습니다. 우리에게 필요한 것은 성경의 말씀이 아니라 그리스도의 말씀입니다. 지금 그리스도는 보혜사 성령님으로 우리와 함께하십니다.

> 이제는 우리가 얽매였던 것에 대하여 죽었으므로 율법에서 벗어났으니 이러므로 우리가 영의 새로운 것으로 섬길 것이요 율법 조문의 묵은 것으로 아니할지니라 롬 7:6

말씀에 기초한 '제자도'와 성령에 기초한 '킹덤 멘털리티'를 인정하는 균형이 필요합니다. 이 세상에는 지금 말씀과 성령으로 세상을 하나님나라로 변화시키는 더 많은 킹덤빌더가 필요합니다.

9
킹덤빌더의 영적 도약과
하나님나라를 향한 전진

새로운 신분을 이해하라

내 과거를 돌아볼 때, 나에게 영적 돌파가 일어났던 계기가 된 말씀은 마태복음 3장입니다. 예수님이 세례를 받으신 다음 예수님이 하나님의 아들인 것이 확실함에도 불구하고 성령님을 통해 다시 한번 예수님의 정체성을 일깨워준 말씀입니다.

> 예수께서 세례를 받으시고 곧 물에서 올라오실새 하늘이 열리고 하나님의 성령이 비둘기같이 내려 자기 위에 임하심을 보시더니 하늘로부터 소리가 있어 말씀하시되 이는 내 사랑하는 아들이요 내 기뻐하는 자라 하시니라 마 3:16,17

킹덤빌더의 삶을 살기 위해서는 영적인 돌파(breakthrough)가 일어나야만 합니다. 그러자면 먼저 자신의 신분이 무엇인지를 아는 것이 가장 중요합니다.

로마서 6장 11절 말씀은 킹덤빌더로서 살아갈 수 있도록 우리의 영적 신분을 말해주는 중요한 말씀입니다.

> 이와 같이 너희도 너희 자신을 죄에 대하여는 죽은 자요 그리스도 예수 안에서 하나님께 대하여는 살아 있는 자로 여길지어다

롬 6:11

내가 이 말씀이 의미하는 바를 깨닫게 된 계기는 이른바 '육개장' 사건입니다. 처음 만난 사람이 나의 군 이력을 물으면 나는 장교 출신이라고 말합니다. 나는 분명히 예비역 육군 소위입니다. 하지만 나의 이력을 아는 사람들은 나를 '육개장'이라고 부릅니다.

"그게 무슨 장교냐? 육개장이지."

앞서 언급한 것처럼 과거에는 6개월간 군복무를 하는 석사장교라는 제도가 있었습니다. 육 개월 동안만 장교로 근무한다고 해서 줄임말로 '육개장'이라고 했던 것입니다.

그때 경험이 하나님나라의 복음과 나의 정체성을 이해하는 데 매우 큰 교훈을 주었습니다.

하루아침에 훈련병에서 장교로

훈련소에 입소한 나는 4개월간 아주 힘든 시간을 보냈습니다. 훈련소 조교들이 6개월 만에 군복무를 마치는 우리를 얄밉게 봤는지 모르겠지만 혹독하게 훈련을 시켰습니다.

한겨울 훈련을 끝내고 자대 배치를 위해 영천에서 기차를 타고 전방으로 가는 마지막 날까지만 해도 나는 여전히 정신없이 뺑뺑이 도는 훈련생 신분이었습니다. 아침 일찍 기상하여 각자 식기를 챙겨 들고 식당으로 뛰어 들어가 재빨리 밥을 먹은 다음 빨리 식기를 닦는 일상에 변함이 없었습니다. 조교들로부터 인간 이하의 대접을 받으며 정신없이 뛰어다니고 욕도 실컷 얻어먹었습니다. 그리고 개인 물건을 챙겨 어디로 배치될지도 정확히 모르는 가운데 훈련소를 떠나 기차에 올랐습니다.

그날 밤 늦게 전방에 도착한 나는 6사단에 배치되었습니다. 기차에서 내린 다음 트럭과 지프를 번갈아 타고 밤 12시가 넘어서 전방부대에 도착할 수 있었습니다. 캄캄한 밤이라 어디가 어딘지도 전혀 모르는 상황에서 막사에 들어갔습니다. 사병이 페치카(pechka, 벽난로) 옆에 잠자리를 마련해주었고 나는 너무 피곤한 나머지 눕자마자 깊은 잠에 빠져들었습니다.

아침이 되어 누가 흔들어 깨우기에 깜짝 놀라 벌떡 일어나니 사병이 밖으로 나오시라고 말합니다. 얼떨결에 밖으로 따라 나갔더니, 세상이 변해 있었습니다. 세숫대야에 따뜻한 물을 받아놓았고 그 옆에는 사병이 오른팔에 수건을 걸친 채 칫솔을 들고 대기하고 있었습니다. 하룻밤 사이에 지옥이 천국으로 변한 것입니다. 어제 아침까지만 해도 조교의 명령대로 뛰어다녔는데, 하룻밤 사이에 내가 견습소대장이 되어 있었습니다. 게다가 사병이 따뜻한 물까지 받아놓고 기다리고 있으니 너무나 황당했습니다.

'내가 이런 것을 받을 자격이 되나?'

이런 생각뿐이어서 몸 둘 바를 몰랐습니다. 어제 일을 생각하면 꿈만 같은 일이기 때문입니다. 세수를 하면서도 눈치가 보였고, 이게 꿈인지 생시인지 알 수 없었습니다. 막사로 들어오니 어느새 사병이 가져다놓은 밥상이 차려져 있었습니다. 내가 훈련병에서 견습소대장이 되었다는 신분의 변화를 이해하는 데는 무려 2주가량 걸린 것 같습니다. 견습소대장 대접을 받을 때마다 내 마음속에서는 여전히 '내가 이런 대접을 받아도 되나? 내가 정말 소대장 맞나?' 하는 생각이 드는 것입니다.

불과 하루 만에 내 신분이 변했습니다. 더 이상 훈련병이 아니라 장교가 된 것입니다. 나는 그때 일을 생각할 때마다 그것이 마치 우리가 그리스도를 영접하고 의인이 된 신분의 변화와 흡사하다는 생각을 하게 됩니다. 분명히 훈련병에서 장교로 신분이 변화되었음에도 불구하고, 훈련병 시절에 워낙 힘들게 훈련받았기 때문에 장교로서 대접받는 데 익숙해지지 못했습니다. 내가 장교임에도 불구하고 장교에 걸맞은 태도나 누릴 수 있는 것들을 제대로 이해하지 못하고 익숙해지지 못한 것입니다.

이것이 바로 로마서 6장 11절의 뜻입니다. 죽지 않아서 죽은 자로 여기라는 뜻이 아닙니다. 이미 죽었는데 죽은 것에 익숙하지 못하기 때문에 죽은 것으로 여기라는 뜻입니다. 그리스도 안에 살아 있는 자로 여기는 것도 마찬가지입니다. 다시 한번 그 말씀을 묵상해보십시오.

달라진 영적 신분

우리가 신앙생활을 할 때도 마찬가지인 것 같습니다. 분명히 구원받고 나서 우리의 영적 신분이 변했는데도 달라진 신분에 맞게 살지 못하는 모습을 많이 볼 수 있습니다. 너무 많은 사람들이 예수 그리스도의 십자가를 통해 의인(義人)이 된다는 것이 무엇인지 잘 모르고 있습니다.

우리에게 필요한 것은 내가 이미 거룩한 자, 곧 하나님의 자녀가 되었다는 사실을 자각하는 것입니다. 내가 장교가 되었기 때문에 장교의 대접을 받고 장교에 걸맞게 말과 행동과 태도가 달라졌듯이, 내가 의인이 되었기 때문에 그에 걸맞은 생각과 행동과 감정을 배워가는 것이 진정한 그리스도인의 삶입니다.

사병이 장교 흉내를 낸다고 해서 장교가 되는 것이 아니듯, 우리의 생각으로 행동과 태도와 생각을 바꾼다고 해서 의인이 되고 거룩한 사람이 되는 것이 아닙니다. 주님이 우리를 위하여 행하신 일을 듣고 믿고 받아들일 때 우리의 신분은 변화되었습니다. 킹덤빌더가 되는 첫걸음은 바로 이와 같은 자신의 신분과 정체성의 변화를 깨닫고 인정하는 데서 시작합니다.

킹덤빌더의 영적 돌파

킹덤빌더로서 돌파해야 할 깨달음과 변화의 과정은 대략 네 가지로 정리해볼 수 있을 것 같습니다.

첫째, 변화된 자기 정체성을 깨달아야 합니다.

킹덤빌더는 자신이 그리스도 안에서 새로운 피조물이라는 사실을 인정해야 합니다.

> 그런즉 누구든지 그리스도 안에 있으면 새로운 피조물이라 이전 것은 지나갔으니 보라 새 것이 되었도다 고후 5:17

우리는 이제 더 이상 육정(肉情)으로나 사람의 뜻으로 난 것이 아니라 오직 하나님께로부터 난 자들이기 때문에 우리의 시민권은 이 땅에 있는 것이 아니라 하늘나라에 있습니다.

> 이는 혈통으로나 육정으로나 사람의 뜻으로 나지 아니하고 오직 하나님께로부터 난 자들이니라 요 1:13

우리는 세상나라와 하늘나라에 국적이 모두 있는 이중국적자가 아니라 하늘나라에만 있는 단일국적자가 된 것입니다. 따라서 우리는 이제 하나님나라에서 이 땅에 대사(大使)로서 파송 받은 삶을 살아야 합니다. 그런데 우리가 이 사실을 인정하지 않기 때문에 우리는 늘 이 땅에서 하늘을 바라보는 삶, 즉 죽어서 갈 천국을 바라보는 삶을 살 수 밖에 없는 것입니다.

둘째, 믿음의 돌파가 일어나야 합니다.

하나님의 영광의 임재와 권능의 역사하심은 믿음이라는 통로를 통해서 나타납니다. 이 믿음의 통로는 시간과 공간과 물질을 초월해 역사합니다. 이는 매우 놀라운 사실입니다.

예를 들어, 전류는 전기선을 통해 흐릅니다. 이와 같이 하나님의 영광은 믿음을 통해 흐른다는 말입니다. 즉, 믿음은 전기선과 흡사합니다. 매우 중요한 원리임에도 불구하고 이를 제대로 이해하는 사람은 드문 것 같습니다.

믿음은 시간과 공간을 초월해 작용한다는 것에 대한 가장 흔한 예로 집회 동영상을 통해 치유 받는 사례를 들 수 있습니다. 지난해에 녹화한 집회 동영상을 오늘 시점에 본 사람도 그것을 믿음으로 받아들일 때 동일한 치유가 일어나는 것입니다.

헤븐리터치 홈페이지(www.heavenlytouch.kr)의 간증 게시판을 보면 집회 동영상을 통해 치유와 기적을 체험했다는 간증이 1,000여 개를

육박하고 있습니다. 미국 유학 준비 도중에 진단 받은 '혈관염'을 미국에서 집회 동영상을 시청하다가 치유 받은 분, 13년 전 교통사고 후유증으로 고생하다가 집회 동영상 시청하고 무릎 치유 선포를 믿음으로 받은 후 다리의 통증이 씻은 듯 사라진 분 등 수많은 사례를 목격할 수 있습니다. 하나님의 영광과 역사는 시간과 공간을 초월해 믿음이라는 통로를 통해서 역사한다는 사실을 보여주는 증거들입니다.

사도행전 19장을 보면 사도 바울이 놀라운 능력을 행한다는 소문이 났을 때 바울의 몸에서 손수건이나 앞치마를 가져다가 몸에 얹은 사람이 치유함을 받는 역사가 일어났습니다.

> 하나님이 바울의 손으로 놀라운 능력을 행하게 하시니 심지어 사람들이 바울의 몸에서 손수건이나 앞치마를 가져다가 병든 사람에게 얹으면 그 병이 떠나고 악귀도 나가더라 행 19:11,12

사람들은 손수건에 어떻게 능력이 있느냐고 반문할지 모르지만, 그런 것이 아니라 믿음을 통해 손수건이라는 물질에 하나님의 기름부으심이 임했기 때문에 손수건이나 앞치마를 덮은 자도 치유함을 받은 것입니다.

하나님의 권능은 이처럼 믿음을 통해서 시간과 공간과 물질을 초월하여서도 역사합니다. 이 개념을 갖는 것이 킹덤빌더로서의 삶을 사는 데 매우 중요합니다.

우리가 어떤 상황이든 간에 우리의 믿음을 활성화시켜 하나님이 함께 계심을 믿는다면, 하나님은 무소부재하시기 때문에 늘 우리와 함께하시고 우리의 믿음을 통해서 그분이 나타나시는 것입니다.

셋째, 믿음을 확증해보아야 합니다.
마가복음 11장 24절은 다음과 같이 기록합니다.

> 무엇이든지 기도하고 구하는 것은 받은 줄로 믿으라 그리하면 너희에게 그대로 되리라

그런데 우리는 이 말씀을 붙잡고 "이루어주실 줄 믿습니다"라고 기도하면서도 정작 자신의 믿음을 통해 하나님의 약속의 말씀이 이루어지는지 아닌지를 시험해보고 확증해보지 않습니다. 그 믿음대로 이루어지는지 여부를 확인하는 것이 두렵기 때문입니다.

나 역시 사역 초창기 때 이런 두려움 때문에 내가 보기에 도저히 치유되지 않을 것 같은 중병에 걸린 사람을 위해 기도해주는 것이 주저되었습니다. 참으로 부끄럽게도 어떤 경우에는 그런 사람을 일부러 피하기도 했습니다. 그러나 지금은 어려운 병에 걸린 사람일수록 더 다가가서 기도해주려고 합니다. 이것은 그 사람을 위한 일이기도 하지만, 내 안에 주님이 계신 것과 나의 믿음을 확인해볼 수 있는 기회이기도 하기 때문입니다. 기도를 통해 성령님의 역사를 체험하는 경험

이 있을 때마다 나의 믿음은 더욱 커질 뿐 아니라 내 믿음을 통해서 하나님의 역사하심이 더 강력하게 나타나곤 합니다.

똑같은 간절함으로 기도할 때 어떤 질병은 치유가 잘되는데, 어떤 질병은 치유가 잘되지 않는 경우가 있습니다. 그중 하나가 뇌졸중으로 마비가 일어난 경우였습니다. 하지만 어느 순간, 뇌졸중에 대해 믿음의 돌파가 일어나자 그 후로는 뇌졸중의 마비가 풀어지는 역사가 조금씩 일어나기 시작했습니다. 처음에는 치유가 일어나지 않을 것에 대한 두려움으로 치유될 것에 대한 믿음을 갖지 못했지만, 한 번 믿음을 확증하고 치유가 일어나자 그 다음부터는 그 부분에서 돌파가 일어난 것입니다.

따라서 "믿습니다"라고 고백했다면 그 고백에 따르는 믿음을 실질적으로 시험해보는 것이 필요합니다. 그럴 때 영적 돌파가 일어납니다. 우리 안에 믿음이 있는지 스스로 시험하고 확증해보십시오.

> 너희는 믿음 안에 있는가 너희 자신을 시험하고 너희 자신을 확증하라 예수 그리스도께서 너희 안에 계신 줄을 너희가 스스로 알지 못하느냐 그렇지 않으면 너희는 버림 받은 자니라 고후 13:5

넷째, 말씀의 돌파가 일어나야 합니다.

많은 사람들이 열심히 기도하고 성령충만 받아 성령님의 인도하심을 받게 되면 놀라운 일들이 저절로 일어날 것으로 생각합니다. 그러나 하나님의 말씀으로 무장하지 않은 사람은 성령체험을 하더라도 도리어 악한 영(靈)에 미혹당할 위험성이 많습니다. 즉, 성령체험을 한 다음에 사탄의 시험을 이기지 못하고 오히려 어려움을 당하는 경우가 있다는 것입니다.

이 때문에 성령님의 역사를 제대로 모르는 사람들 사이에서는 성령 사역이 잘못된 것으로 오해를 받는 경우가 종종 생깁니다. 흔히 하는 이야기로 "어떤 사람이 모 집회에 참석하고 나서 혹은 누군가에게 기도를 받은 후부터 이상하게 변했다더라" 하는 것들입니다.

그런데 그렇게 된 근본적인 이유는 성령님 때문이 아니라 악한 영의 드러남 때문인 경우가 많습니다. 누군가에게 성령님이 임하시면 숨어 있던 악한 영이 드러나게 되고 나가기 싫어합니다. 왜냐하면 성령세례를 받고 성령충만함을 받아 성령의 권능을 받게 되면 그가 이 땅을 변화시키는 킹덤빌더로 변화되기 때문입니다. 사탄이 가장 싫어하는 일이 일어나려고 하기 때문입니다.

성령충만하여 성령의 권능을 받으면 뱀과 전갈을 밟으며 원수의 모든 능력을 제어할 권능을 가진 자가 되며, 이 땅에서 하나님나라를 이루며 살아가게 됩니다.

> 내가 너희에게 뱀과 전갈을 밟으며 원수의 모든 능력을 제어할 권능을 주었으니 너희를 해칠 자가 결코 없으리라 눅 10:19

그렇기 때문에 사탄은 총력을 기울여 그를 참소하고 속이고 두려움을 안겨주어 그를 거꾸러뜨리려는 것입니다. 그럴 때 가장 필요한 것이 하나님의 말씀을 아는 것과 그 말씀에 대한 믿음입니다. 성령충만함을 받은 자에게는 하나님께서 말씀에 권세와 능력이 임하도록 하십니다. 예수님께서도 성령충만하신 다음(눅 4:1) 성령에게 이끌리어 마귀에게 시험을 받으러 광야로 가셨습니다. 그때 예수님은 말씀으로 마귀의 시험을 이기셨습니다.

우리가 말씀으로 무장되지 않으면 성령충만을 받아도 사탄의 속임수에 넘어갈 수 있습니다. 말씀이 없으면 하나님의 음성과 사탄의 음성을 분별할 수 없을 뿐 아니라, 무엇이 나를 지켜주는지 모르기 때문입니다.

말씀이 곧 영(靈)이고 생명이기 때문에 말씀으로 무장되어야 나를 지킬 수 있습니다. 내가 말씀으로 지음을 받았고 말씀으로 붙들림을 받고 말씀으로 살아가기 때문에 그렇습니다.

> 살리는 것은 영이니 육은 무익하니라 내가 너희에게 이른 말은 영이요 생명이라 요 6:63

기도를 받고 성령세례를 받았을 때 간혹 이상한 현상이 나타나는 것은 성령님 자체의 문제가 아니라, 성령님이 임하신 이후로 사람 안에 있던 악한 영들과 잘못된 상처와 쓴뿌리들이 드러나기 때문이라는 사실을 알아야 합니다. 성령님이 임하심으로 그의 육신과 내면에 도망가지 않고 숨어 있던 악한 영들이 드러나는 것입니다.

그래서 사람들은 흔히 "성령님이 임하셨다고 하면서 어떻게 저럴 수가 있느냐?"라고 말하지만, 사실 그것은 성령님의 임함으로 인해 악한 영이 드러나는 현상이지 성령님 때문이 아닙니다. 이 사실을 제대로 이해하지 못한 채 성령님이 임하셔서 드러나는 인간의 죄악 때문에 일어나는 현상을 성령님이 임하신 것 자체가 이상하다고 말하는 것은 잘못입니다.

따라서 먼저 말씀으로 충만해야 합니다. 그리고 성령세례를 받은 사람은 그 성령님의 조명하에 말씀을 더 깊이 묵상하고 깨달아야 합니다. 그리하여 성령 안에서 말씀이 풀어지도록 하는 것이 영적 돌파에서 매우 중요합니다.

성령의 인도함을 받을 때 킹덤 멘털리티가 생기고, 그 킹덤 멘털리티에 의해서 성경의 말씀을 공부할 때 비로소 말씀은 내가 지켜 행하는 것이 아니고 내 안에 계신 그리스도께서 이루시는 약속이라는 사실을 알게 됩니다. 이때 우리에게 필요한 것은 오직 믿음입니다.

문들아 너희 머리를 들지어다
영원한 문들아 들릴지어다 영광의 왕이 들어가시리로다 _시 24:7

4

WE EXPECT YOU, HOLYSPIRIT

새로운 문을 여시는
성령님

10
우리의 길을 넓히시고
새로운 문으로 부르시다

외부집회로 부르시는 하나님

월요말씀치유집회에 하나님의 은혜가 날로 더 풍성하게 임하고 있을 때, 어느 날 하나님께서 내 마음에 감동을 주셨습니다. 이제 월요말씀치유집회뿐 아니라 외부에서도 집회를 활발히 열게 되리라는 것이었습니다. 뜻밖의 말씀에 나는 기도하는 마음으로 하나님께 사인(sign)을 구했습니다.

"하나님, 월요말씀치유집회에서 휠체어 타고 온 사람 중에 3명 이상 일어나 걷게 되면 그것을 하나님의 사인으로 받겠습니다."

그런데 어느 날, 월요말씀치유집회에 휠체어를 타고 오신 다섯 분이 그날 집회 도중 휠체어에서 일어나 걷는 역사가 일어났습니다. 그분들을 위해 따로 기도한 것도 아니었는데, 말씀과 기도 중에 성령님께서 역사하신 것입니다. 그날 나는 하나님께서 HTM을 외부집회로 인도하신다고 확신하게 되었고, 행하실 주님을 기대하며 기도로 준비하기 시작했습니다.

2008년 6월, 밀양문화체육관에서 3천여 명이 모인 가운데 밀양연합집회가 열렸고, 2009년 부산과 창원에서도 몇 만 명이 모이는 대형 집회가 이어졌습니다. 2010년에는 외부 사역의 규모가 더욱 커져 수차례의 해외 집회를 포함해 30여 회의 외부집회와 목회자세미나가 열렸습니다.

한 가지 중요한 사실은 이 집회들이 대부분 우리가 하겠다고 수고하고 애써서 열리게 된 것이 아니라는 것입니다. 각 지역에서 그 땅에 하나님나라의 복음이 선포되는 것과 치유의 역사가 일어나기를 갈망하는 영혼의 기도와 헌신에 의해 이루어졌습니다. 그 당시에는 모르고 있다가 나중에 그 땅을 향한 특별한 눈물의 간구가 있었음을 알게 되는 경우도 있습니다.

하나님께서는 대한민국은 물론 세계 곳곳에 킹덤빌더들을 일으키시어 그 땅의 회복을 위해 기도하게 하십니다. 이것이 킹덤빌더들이 더 많이 세워져야 하는 이유이기도 합니다.

하나님의 눈물을 아는 한 영혼

2010년 9월 30일, 공주중앙장로교회에서 연합집회가 열렸습니다. 웬만한 무속인들은 계룡산 출신이라고 할 만큼 공주는 무속 신앙이 강한 곳입니다. 거리에서 무속인의 표시인 대나무에 매단 빨간 깃발을 쉽게 찾아볼 수 있습니다. 어둠의 세력에 묶여 있는 그 땅을 사랑하시는 하나님께서는 그 땅을 위해 눈물 흘리는 한 영혼을 세우셨습니다. 바로 공주시청 국장 출신의 최범수 장로님입니다.

킹덤빌더스쿨 1기 졸업생이신 최범수 장로님은 과정을 마치자마자 공주에서 집회를 열어줄 것을 제안하셨습니다. 청년 못지않은 뜨거운 열정을 가지신 최 장로님은 누구보다 하나님 일에 앞장서기를 기뻐하는 분입니다. HTM에 대해서 잘 알지 못하는 공주 지역 목회자들을 일일이 찾아다니며 나의 책을 선물하기도 하고 공주 지역에 성령집회가 왜 필요한지 열심히 설명하며 공주 집회가 열릴 수 있도록 뜨거운 기도와 열정을 쏟으셨습니다. 이런 헌신 덕분에 드디어 공주기독교협의회 주관으로 공주 지역 연합집회가 열리게 되었습니다.

그뿐만이 아닙니다. 집회를 준비하는 기간 내내 최범수 장로님은 자신의 승용차에 집회 포스터를 붙이고 온종일 시내 곳곳을 돌아다니는가 하면, 아파트 우편함마다 집회 전단지를 넣으며 집회 홍보를 자청하고 나섰습니다. 무엇이 그 분을 길거리로 나서게 했을까요? 무엇이 집회에 관심도 없고 꺼리는 사람들 앞에서 당당히 집회를 알리게 했을까요? 그는 그 땅을 향한 하나님의 사랑과 눈물을 알았던 '킹덤빌더'였습니다.

그 기도와 헌신의 결과로 개최된 공주 지역 연합집회는 성령님의 강한 임재로 뜨거웠습니다. 놀라운 성령님의 만지심과 치유의 역사가 일어났고, 많은 사람들이 간증으로 하나님께 영광을 돌리기 위해 줄을 섰습니다. 집회 도중에 먼저 집으로 돌아가다가 자신이 치유 받은 사실을 깨닫고 집회 장소로 되돌아와 간증을 한 자매도 두 명이나 있었습니다. 마치 예수님을 만나고 돌아가다가 깨끗함을 받은 나병환자의 간증과 같다는 생각이 들었습니다.

> 그들이 가다가 깨끗함을 받은지라 그중의 한 사람이 자기가 나은 것을 보고 큰 소리로 하나님께 영광을 돌리며 돌아와 예수의 발 아래에 엎드리어 감사하니 눅 17:14-16

연합집회 다음 날 열린 목회자세미나에서 나는 참석한 목회자들에게 이렇게 권면했습니다.

"이 땅은 교회가 연합하지 못하도록 어둠의 세력이 묶고 있는 것 같습니다. 교회가 연합하여 이 어둠의 영을 깨뜨리지 않으면 지역 교회가 부흥하기 어렵습니다. 이 땅을 위해 먼저 목회자 여러분께서 합심하여 기도한다면 놀라운 역사가 일어날 것이라 믿습니다."

공주를 떠나 돌아오는 길에 휴대폰 너머로 최 장로님의 흥분된 목소리가 울려 퍼졌습니다.

"장로님! 앞으로 매주 토요일에 목회자들이 모여 공주 땅을 위해 연합기도를 드리기로 했습니다!"

이제 공주 땅에 연합하여 악한 영에 대적하는 믿음의 중보기도가 일어나기 시작했습니다. 이 모든 것이 공주를 향한 뜨거운 마음으로 성령님의 역사를 기대했던 한 영혼의 눈물의 기도를 받으신 하나님의 역사입니다.

작은 땅을 위한 한 영혼의 기도

"네게 무엇을 하여 주기를 원하느냐?"(막 10:51)

예수님의 이 물음에 사람들은 한결같이 "병 낫기를 원합니다" 혹은 "주여 보기를 원하나이다"라고 대답합니다. 몇 년 전, 서빙고 온누리교회에서 치유집회를 할 때 나는 이 말씀으로 설교를 한 적이 있습니다. 그러면서 회중을 향해 예수님의 이 질문에 대답해볼 것을 요청했습니다. 그때 울진이 고향이라고 밝힌 한 자매가 이런 대답을 했습니다.

"내 고향 울진 땅에 성령님의 역사가 임하기를 원합니다."

그로부터 약 4년이 지난 2010년 11월, 그 자매의 기도로 울진에서 치유집회와 목회자세미나가 열렸습니다.

이틀 간 진행된 집회의 첫날, 말씀을 전하기 위해 단에 올라갔습니다. 그런데 이상하게 말씀을 선포하기 싫다는 기분이 들었습니다. 그동안 수많은 집회를 인도하면서 그런 기분을 느낀 것은 처음이었습니다. 게다가 간신히 말씀을 선포하면 중간에서 누군가가 가로채가고 있다는 느낌이 드는 것입니다. 회중에게 말씀이 전달되지 않는 것 같은 기막힌 일이 벌어진 것입니다.

무언가가 이 장소와 참석한 회중들을 짓누르고 있다는 느낌이 강하게 들었습니다. 영적 전쟁의 실제에 직면하는 것 같았습니다. 그러자 내가 너무 안일하게 생각했다는 것을 깨달았습니다. 흑암의 권세가 회중을 덮고 있는 한 사람들의 마음이 열리기 어렵고, 사람들의 마음이 열리지 않으면 그 마음밭에 말씀이 심겨질 수 없습니다. 말씀이 심기지 않는데 어떻게 성령의 역사가 일어나겠습니까?

이대로는 도저히 안 되겠다는 생각이 들어, 내가 느끼고 있는 것들에 대해 회중과 솔직하게 나누었습니다. 그리고 설교를 중단하고 말씀을 듣지 못하도록 가로막는 악한 영(靈)을 묶고 대적하는 기도를 했습니다. 그리고 그 자리에 모인 수백 명을 붙잡고 한 사람씩 기도하는 것으로 그날 집회를 마쳤습니다.

첫날 집회를 통해 울진이 영적으로 무척 힘든 곳이라는 사실을 절실히 느낄 수 있었습니다. 울진은 지리적으로 고립되어 있으며 불교와 무속신앙의 영향력이 상당히 강한 지역입니다. 특히 어업이 주업인 울진 사람들은 해마다 풍어제(豊漁祭, 어촌에서 물고기가 많이 잡히기를 비는 제사)를 지내고 있는 실정입니다.

나와 스태프들은 숙소로 돌아와 하나님 앞에 엎드려 회개했습니다. 이 집회와 지역을 위해 하나님의 마음을 품고 더 많이 기도하지 못한 것, 그리고 지역의 우상숭배에 대해 전략적으로 기도하지 못한 것에 대해 회개했습니다. 또 그간 이 땅에서 행해진 모든 우상숭배에 대해 간절한 눈물로 대신 회개하는 뜨거운 시간을 가졌습니다.

회개할 때 어둠의 역사가 깨어진다

다음 날, 둘째 날 집회가 시작되었습니다. 전날의 경험도 있고 해서 적잖이 긴장한 채 단에 올랐습니다. 그런데 놀랍게도 말씀을 전하는데 전날과 완전히 다르게 하늘 문이 열리고 말씀이 사람들에게로 빨려 들어가는 것같이 느껴졌습니다. 그리고 어느 집회 때보다 더 놀라운 기적과 성령님의 역사가 일어나기 시작했습니다.

근육이 점점 위축되어가는 루게릭병으로 목발에 의지하여 집회 장소를 찾았던 한 자매가 목발을 던지고 강단으로 뛰어 올라왔습니다. 소아마비를 앓던 자매도 목발을 버리고 강단으로 올라왔습니다. 교통사고로 뇌손상을 입어 망막증과 부자연스러운 걸음걸이로 고통 받던 성도는 주님의 이름을 부르며 강단 이쪽 끝에서 저쪽 끝까지 뛰어다녔습니다. 허리가 완전히 굽은 어느 할머니의 허리가 완전히 펴져 어린아이같이 기뻐하시던 그 표정이 아직도 눈에 생생합니다.

누구도 부인할 수 없는 성령님의 역사 앞에서 울진의 심령들이 깨어졌습니다. 사실, 울진 지역 성도들은 성령치유집회에 대해 마음이 닫혀 있었고 이런 집회가 열린 것만으로도 놀라운 변화라고 보고 있었습니다. 그러나 집회 가운데 실제적인 성령님의 역사를 목격하고 성령님의 임재를 경험하면서 요동하기 시작했습니다.

울진의 영혼들에게 가장 필요했던 것은 하나님의 영광이 임할 때의 그 경이로운 현장을 직접 목격하는 것이었습니다. 보지 못하고 알지 못하여 무덤덤했던 그 심령들이 주님의 영광을 목격함으로써 주님의 은혜와 영광을 더욱 갈망하게 되는 그 모습을 하나님께서는 바라셨던 것 같습니다. 개인적으로는 무척 힘든 경험이었지만, 이틀간의 전혀 다른 집회 분위기 때문에 성도들은 주님의 임재의 필요성을 더욱 절실히 느낄 수 있었다고 합니다.

집회에 참석했던 한 성도는 헤븐리터치 홈페이지에 이런 감격에 찬 고백을 남기기도 했습니다.

"주님, 작고 부족한 땅 울진을 기억해주시고 만져주셔서 감사합니다. 하나님의 자녀들이 주님 때문에 기뻐하고 감격했던 모습, 보셨지요? 우리는 그 은혜를 더욱 사모합니다. 주님 때문에 행복합니다. 사랑합니다. 찬양합니다."

나와 스태프들에게 이 울진 집회는 그동안 미처 몰랐던 지방 지역의 영적 전쟁의 실체를 아는 계기가 되었습니다. 또한 그 지역의 죄악을 대신하는 심령으로 회개하며 나아갈 때 그 지역을 변화시키는 하나님의 역사를 목도할 수 있었습니다.

새로운 지역을 품게 하신 성령님

공주와 울진 등지에서의 집회를 통해 우리는 하나님께서 우리에게 새로운 문과 길을 열어주신다는 사실을 깨달았습니다. 2008년부터 외부 대규모 집회를 열게 하신 하나님께서는 2010년 무렵 여러 경로로 우리의 눈을 농어촌으로 돌리게 하셨고 그들을 가슴에 품게 하셨습니다. 그러는 가운데 거의 동시에 강원도 평창, 충북 단양에서 집회 요청이 들어왔습니다. 우리는 하나님의 인도하심이라고 확신했습니다.

농어촌 지역에서 열리는 집회는 그동안 주로 경험했던 대도시 연합집회와 비교할 수 없을 정도로 환경도, 규모도, 재정도 열악했습니다. 울진의 경우, 집회 요청을 받고 사전답사를 다녀왔을 때 스태프들의 보고는 그다지 희망적이지 않았습니다. 3만 3천여 지역 주민 가운데 기독교인의 수가 3천여 명에 불과하고 한 교회당 교인의 수가 평균 35명 정도였습니다.

집회 요청차 우리를 방문했던 연합회장 목사님조차 상가 건물 2층 한편에서 임대 교회를 시무하고 계셨고, 총무 목사님의 교회는 어촌 한쪽에 있는 작은 가건물이었습니다. 교회 재정은 물론이고 목회자의 기본 생계가 염려될 정도였습니다. 그러니 연합집회로 모인다 해도 많아야 200명을 넘지 않을 것이라는 전망이었습니다(실제로 집회 당시 모인 숫자는 230여 명이었습니다).

매주 3천여 명이 참석하는 월요말씀치유집회와 수만 명이 운집한 대도시 연합집회 등을 경험한 우리에게 2,3백 명이라는 적은 숫자는 참으로 낯설었습니다. 게다가 집회에 소요되는 경비 문제도 어떻게 감당할 수 있을지 의문이었습니다. 솔직한 심정으로는 집회를 꼭 해야 하나 싶은 마음도 있었습니다.

스태프들과 회의를 하고 기도하는 가운데 하나님께서는 농어촌 지역 사역을 향한 주님의 뜻을 다시 한번 분명히 보여주시며, 하나님의 일에 숫자를 생각하는 우리의 교만을 지적하셨습니다. 그리고 한 발

더 나아가 자비량으로 집회를 섬기도록 하는 마음을 주셨습니다. 그래서 2박3일간의 울진 사역의 경비 일체를 우리가 먼저 헌금하고 사역을 준비하기 시작했습니다. 이후에 요청이 들어온 단양 집회 역시 마찬가지였습니다.

농어촌 지역을 향한 거룩한 분노

단양에서 집회할 때에는 농어촌 교회의 현실 앞에 거룩한 분노마저 일었습니다. 단양은 뿌리 깊은 불교 지역으로, 절에 나가든 안 나가든 종교가 무엇이냐는 질문에 주민들 대부분이 "불교"라고 답할 정도입니다. 출석 교인 10명에 불과한 교회를 목회하면서 그나마 목회할 수 있는 교회가 있음에 감사하며, 목회할 자리가 없는 동기 목회자들이 얼마나 많은지 아느냐고 허탈하게 웃으시는 목사님들을 보니 암담한 기분이 들었습니다. 그 속에서 심신이 지친 목회자들이 무슨 신명이 나서 사역을 하겠는가 하는 안타까운 마음을 감출 길이 없었습니다.

사정이 이렇다 보니 단양의 목사님들은 우리에게 집회를 요청하면서도 "과연 이런 곳까지 와줄까? 많이 바쁘다고 하던데…" 하는 의구심을 떨칠 수 없었다고 합니다. 그런데 우리가 너무 쉽게 집회를 하겠다고 회신을 보내니 오히려 이분들이 "정말입니까?" 하고 믿지 못하며 몇 번씩 되물었습니다. 이분들 입장에서는 간절한 기도를 하나님께서 들으시어 우리의 마음을 움직여주신 것이며, 우리 입장에서는 우리가 농어촌 지역 집회에 대한 마음을 품자마자 하나님께서 단양을 열어주신 것입니다. 하나님의 절묘한 인도하심이지요.

그렇게 열리게 된 단양 집회는 250여 명이 겨우 들어가는 곳에서 열린 작은 집회였지만 인근의 제천과 봉화, 심지어 대구와 부산에서도 소문을 듣고 갈급한 심령들이 몰려들었고, 성령님의 강력한 만지심으로 많은 치유의 역사가 일어났습니다. 소아마비로 한쪽 다리가 뒤틀리면서 다리가 짧아진 형제의 뒤틀린 골반이 바로잡히고 짧아진 다리가 같아진 기적 앞에서는 하나님께 감사와 영광을 돌리는 것 말고는 아무것도 할 수 없었습니다.

이런 역사가 일어나자 단양의 목회자들이 변화되기 시작했습니다. 우리를 처음 초청할 때만 해도 HTM이나 성령사역에 대한 정보가 부족했지만, 성령님의 역사를 직접 눈으로 보고 나자 마음의 변화가 생긴 것입니다. 단양은 성령의 바람, 은혜의 바람, 변화의 바람이 절실한 땅이었습니다. 비록 작은 집회였지만, 그곳에 함께하신 성령님의 임재는 결코 작지 않았습니다.

영적 악순환을 끊고 하나님의 권능을 선포하라

농어촌 지역 집회를 경험하면서 절실히 느낀 것은 지역적으로 고립되어 있거나 전통과 관습이 엄격할수록, 우상숭배의 습성과 그러한 장소가 많은 곳일수록 마귀의 공격이 극심하다는 사실입니다. 그런 지역을 변화시킬 수 있는 것은 오직 교회뿐입니다. 그래서 사탄은 교회를 갈기갈기 찢어놓으려고 하고 있습니다. 따라서 먼저 그 지역의 교회가 연합하는 것이 중요하다는 사실을 깨달았습니다.

그런데 현실은 악순환의 연속입니다. 무속신앙이 워낙 강해 전도가 이루어지지 않고, 성도가 없다보니 목회자들은 연합은커녕 자기 교회 하나 신경 쓰기에도 쉽지 않았습니다. 성령님의 역사와 권능, 하나님 나라에 대한 관심은 자연히 멀어질 수밖에 없습니다.

그래서 이런 지역이야말로 전장(戰場)의 선두에 서서 전쟁을 지휘하는 목회자와 사모들을 위한 세미나가 무엇보다 중요합니다. 목회자들이 각자 자기 교회 문제에만 급급할 것이 아니라 자신의 교회가 속한 지역이 영적으로 어떤 상태인지를 알고, 그 지역을 회복하기 위해서는 연합하여 함께 기도하는 것이 필요하다는 사실을 인식하는 것이 중요하기 때문입니다.

또한 자기 교회에 속한 소수의 양들을 돌보는 것은 물론, 믿지 않는 지역 주민들에게 권능으로 복음을 선포하고 기적을 보게 하여 주께로 돌아오게 하는 사역이 필요합니다. 무속신앙이나 기타 타종교가 강한 지역일수록 살아 계신 하나님의 역사와 권능이 나타나는 전도가 필요한데, 무당이나 마귀보다 하나님의 권능이 크다는 사실을 보여주어야 하기 때문입니다.

이것이 중요하다는 사실을 이미 사탄도 알고 있습니다. 그래서 이런 능력의 역사가 일어나지 못하도록 사탄이 전략적으로 막고 있는 것입니다. 그러니 우리는 이런 사탄의 전략을 알고 더욱 깨어 기도함으로 하나님의 권능이 임하도록 부르짖어야 합니다.

교회와 헤븐리터치의 협력 모델

내가 꿈꾸는 헤븐리터치 사역의 비전은 교회와 목회자들을 도와 그분들을 통하여 각각의 교회로 성령님의 기름부으심이 흘러가게 하는 것입니다. HTM이 교회의 역할을 대신할 수는 결코 없기 때문입니다. 그렇기 때문에 성도들이 월요말씀치유집회에 와서 은혜 받고 치유 받고 하나님나라의 삶을 사는 것도 중요하지만, 더 중요한 것은 목회자들이 성령님의 기름부으심을 받고 그것을 자신의 양들에게로 흘려보내는 것입니다.

이런 관점에서 대전산성감리교회(지성업 목사) 집회가 기억에 남습니다. 대전 지역에서 있었던 첫 번째 집회였는데, 이곳은 헤븐리터치와 교회가 협력하여 말씀치유집회를 한 모델입니다.

대전산성감리교회 사모님은 오래전부터 월요말씀치유집회에 참석하면서 은혜를 받아왔을 뿐 아니라 킹덤빌더스쿨 1기 졸업생이기도 합니다. 또한 성도들을 성남 선한목자교회로 인도하여 함께 집회에 참석하면서 교회에 '회복 사역팀'을 만들기도 했습니다. 사모님이 사역팀을 인솔하여 교구별로 심방을 다니며 아픈 교인들을 위해 기도사역을 펼치고 있는 것입니다.

HTM에서 세미나가 열릴 때마다 사모님과 사역팀은 어김없이 함께 참석하곤 합니다. 눈이 오나 비가 오나 매주 열 명 정도의 사역팀을 데리고 계속 집회에 참석하며 은혜를 받고, 기름부으심을 받았습니다.

대전산성감리교회는 헤븐리터치의 비전과 맞닿아 있는, HTM과 교회의 좋은 협력 모델입니다. HTM의 비전이 결국 교회와 협력하고 교회를 도와 이 땅에 하나님나라를 도래케 하는 사역을 감당하는 것이기 때문입니다. 교회에서는 영혼이 죄 사함을 받는 것뿐 아니라 예수님이 2천 년 전에 역사하신 것처럼 오늘날에도 질병을 치유하는 역사가 일어나야 합니다. 그래서 나는 각 교회의 담임목사님이 몸과 마음이 아픈 성도들에게 직접 안수하고 기도하여 병이 낫고 기름부으심을 흘려보내는 역사가 일어나기를 늘 간절히 기도하고 있습니다.

오래된 문들아, 열릴지어다!

하나님께서는 2010년 말, 헤븐리터치를 향해 다음과 같은 말씀을 주셨습니다.

> 문들아 너희 머리를 들지어다 영원한 문들아 들릴지어다 영광의 왕이 들어가시리로다 영광의 왕이 누구시냐 강하고 능한 여호와시요 전쟁에 능한 여호와시로다 시 24:7,8

이 말씀에서 '영원한 문'이란 무슨 뜻일까요? 영어성경(NLT; New Living Translation)을 보면 이렇게 표현하고 있습니다.

> Open up, ancient gates! Open up, ancient doors, and let the King of glory enter.

'영원한 문'(eternal gates)이라고 하지 않고 '고대의(오래된) 문'(ancient gates)이라고 표현하고 있는 것을 볼 수 있습니다. 따라서 이 말씀을 "전통과 관습 등으로 묶여 있는 지역의 문들이 열릴지어다"라는 뜻으로 이해할 수 있습니다. 그리하여 영광의 하나님께서 들어가시도록 하라는 말씀입니다.

"하나님, 우리가 오래된 문을 여는 사역을 하겠습니다. 이 일을 위해 필요한 재정을 채워주시고, 이 사역을 위한 문을 열어주십시오."

우리가 이 일을 마음에 품고 기도를 시작하면서 하나님께 필요한 재정을 채워주시기를 기도했습니다. 그런데 놀라운 일이 일어났습니다. 기도하기 이틀 전에 이미 누군가 헌금을 한 것입니다. 뒤늦게 통장에 찍힌 헌금액을 보고 재정 간사와 나는 눈이 휘둥그레질 수밖에 없었습니다. 우리가 마음에 품고 기도한 꼭 그 금액이었기 때문입니다.

우리는 주님이 정녕 이 일을 하기를 원하신다는 확신을 갖게 되었고, 여호와 이레의 하나님께 감사드렸습니다. 또한 하나님께서 앞서 행하신다는 믿음을 갖게 되었습니다.

> 주께서 그 앞서 가꾸셨으므로 그 뿌리가 깊이 박혀서 땅에 가득하며 시 80:9

> 내가 너보다 앞서 가서 험한 곳을 평탄하게 하며 놋문을 쳐서 부수며 쇠빗장을 꺾고 사 45:2

우리가 움직이면 하나님은 앞서 행하십니다. 우리가 전통과 관습 그리고 우상숭배 등으로 닫혀진 지역 교회의 열악한 현실과 그들을 향하신 주님의 찢어지는 마음을 알고 행할 때, 주님은 우리 앞서 사자와 왕벌을 보내십니다.

> 내가 사자를 네 앞서 보내어 길에서 너를 보호하여 너를 내가 예비한 곳에 이르게 하리니 출 23:20

> 내가 왕벌을 네 앞에 보내리니 그 벌이 히위 족속과 가나안 족속과 헷 족속을 네 앞에서 쫓아내리라 출 23:28

어쩌면 이 모든 역사가 각 지역에 세워진 한 영혼의 눈물어린 기도와 간구를 들으신 하나님의 이끄심인지도 모르겠습니다. 우리는 다만, 하나님의 놀라운 예비하심과 성령님의 기묘한 이끄심을 찬양할 뿐입니다. 할렐루야!

11
디아스포라를 향한
하나님의 안타까운 사랑과 눈물

한 알의 밀알이 떨어져 이뤄낸 기적

국내와 해외로 여러 집회를 다니면서 배우고 느끼게 되는 것은 각 지역을 사랑하시는 하나님의 마음입니다. 묶이고 눌린 지역을 향한 하나님의 안타까운 마음과 눈물을 느끼며 나와 스태프 모두 동일한 긍휼의 마음을 품고 기도로 집회를 준비합니다.

또한 그 지역에서 자신이 선 땅과 그 집회를 위해 눈물로 기도를 드리는 한 영혼을 만날 때면 마음에 더할 수 없는 감동을 느끼기도 합니다. 그 한 영혼의 눈물이 떨어져 풍성한 열매를 맺는 은혜의 현장을 보노라면 한 알의 밀이 땅에 떨어져 죽으면 많은 열매를 맺는다고 하신 말씀의 의미를 생생하게 깨닫습니다.

> 내가 진실로 진실로 너희에게 이르노니 한 알의 밀이 땅에 떨어
> 져 죽지 아니하면 한 알 그대로 있고 죽으면 많은 열매를 맺느니
> 라 요 12:24

2010년 7월 미국 샌프란시스코 산호세에서 열렸던 '암 환우를 위한 특별치유집회'는 특히 그렇습니다. 위암 환우였던 고(故) 최재전 집사의 눈물의 기도가 한 알의 밀과 같이 땅에 떨어져 아메리칸 드림의 중심 실리콘밸리가 있는 산호세 땅에 영적 대지진을 일으켰습니다.

당시 위암 말기였던 최재전 집사는 나의 책을 보고 감동을 받아 산호세에서 집회를 열어달라고 초청을 했습니다. 집회를 통해 자신은 물론 다른 암 환우들의 병이 치유 받을 것을 믿는 믿음 하나로 헌신을 자처한 것입니다.

그런데 안타깝게도 이분은 내가 산호세를 방문하기 한 달 전에 이미 소천하고 말았습니다. 그러나 이분 때문에 산호세의 암 환우회와 교회협의회 주관으로 HTM 집회가 열리게 되었고, 그 열매로 많은 암 환우들이 하나님의 놀라운 치유의 역사를 경험하는 한편 하나님나라의 새 소망을 갖게 되었습니다.

은혜 가운데 3일간 진행된 집회가 모두 끝나고 마지막 날이 되었습니다. 최재전 집사의 아내는 복받치는 감정을 누르지 못하고 오열했습니다.

"조금만 더 일찍 오셨더라면 내 남편도 이 자리에 같이 있었을 텐

데, 왜 이제야 오셨습니까? 남편이 얼마나 이 집회를 기다렸는데요…."

그러면서 HTM 사역에 동참하고 싶다며 헌금을 건네는 것입니다. 나는 그 분을 붙들고 함께 우는 것밖에 아무것도 할 수 없었습니다.

고인(故人)이 아니었다면 그 집회는 이루어지지 못했을 것입니다. 비록 그 자신은 집회를 보지 못했지만, 그 열매만큼은 풍성하게 맺혀 하나님께 영광으로 돌려졌으며 많은 암 환우의 가슴에 소망의 빛으로 담겨졌습니다.

아메리칸 드림이 성령님의 비전으로 채워지다

'암 환우를 위한 특별 치유집회'와 별도로 진행된 산호세 연합집회에서는 특별히 가난한 심령으로 회개할 때 부어주시는 하나님의 은혜를 경험할 수 있었습니다.

산호세는 '아메리칸 드림'(American Dream)을 꿈꾸는 사람들이 많이 몰려 있는 지역입니다. 특히 IT 산업의 본고장이라고 불리는 실리콘 벨리가 있는 곳입니다. 그러다보니 그곳의 일부 크리스천들은 '성공'을 향해 달려 나아갈 뿐 하나님나라와 그 뜻을 이루는 데는 그다지 관심이 없습니다. 지식으로는 하나님을 알지만 가슴으로는 냉랭한 크리스천들이 많았습니다. 그래서인지 연합집회 첫 날에는 말씀이 회중의 심령에 들어가지 않는 것처럼 느껴져 무척 힘들었습니다.

그런데 집회 둘째 날, 산호세 교회협의회 회장 목사님이 단상에서 공개적인 회개를 하심으로 영적 분위기의 대반전이 일어났습니다.

"하나님, 저는 영(靈)과 육(肉)이 모두 지쳤습니다. 하나님의 기름부으심이 절실합니다. 그런데도 저는 성도를 속이고 겉으로는 아닌 척, 괜찮은 척했습니다. 저의 교만을 회개합니다. 하나님의 기름부으심이 없이는 저는 더 이상 목회를 할 수가 없습니다."

이 기도로 인해 성령님의 도우심과 기름부으심 없이도 잘 살 수 있다고 생각했던 많은 영혼이 함께 깨어졌습니다. 하나님께서는 상한 심령으로 통회하는 영혼을 멸시하지 않으시며, 오히려 풍성한 은혜로 채우시는 분이십니다.

> 하나님께서 구하시는 제사는 상한 심령이라 하나님이여 상하고 통회하는 마음을 주께서 멸시하지 아니하시리이다 시 51:17

'암 환우를 위한 특별 치유집회'에서와 마찬가지로 산호세 연합집회를 가장 열심히 섬긴 분들은 전부 암 환우 분들이었습니다. 질병과 상관없이 하나님을 만나면 누구라도 기쁨으로 헌신할 수 있다는 사실에 그곳에 참석한 모든 사람들이 깊은 감동을 받았습니다. 이 모든 것이 한 알의 밀알이 땅에 떨어진 결과였으며, 한 영혼의 겸손한 회개의 눈물이 이뤄낸 열매였습니다.

숨은 동역자를 만나다

해외에서 처음으로 킹덤빌더스쿨이 열린 곳은 미국 뉴저지입니다. 사실 미국 사역에 대한 비전을 품고 기도하던 중에 인간적인 마음으로는 '비즈니스의 중심'인 뉴욕을 거점으로 킹덤빌더스쿨을 시작해야겠다고 생각한 적이 있습니다. 그러나 하나님의 생각은 나의 생각과 달랐습니다. 뉴저지연합감리교회의 초청으로 뉴저지 연합집회를 진행하던 중에 하나님께서 뉴저지를 거점으로 삼기 원하신다는 마음을 주신 것입니다.

지역마다 하나님이 숨겨놓으신 사람들을 거점으로 그 지역에 성령의 역사가 임하도록 하는 것은 하나님께서 가장 즐겨 쓰시는 전략인 것 같습니다. 마치 사도 바울이 가는 곳마다 하나님이 예비하신 사람들을 만남으로써 그의 선교 사역이 시작되고 확장되었던 것처럼 말입니다.

뉴저지 연합집회도 하나님이 숨겨놓으신 하나님의 사람들을 통해 이루어졌습니다. 한번은 전 건국대학교 총장이신 오명 총장님(현 카이스트 이사장)이 미국 출장을 다녀오신 후 내게 이런 말을 했습니다(오명 총장님은 학교 일뿐 아니라 사역을 통해서 더 친밀한 교제를 나누고 있는 분입니다).

"손 교수, 내가 이번에 뉴저지 출장을 다녀왔는데, 그곳에서 당신의 집회 DVD가 놓여 있는 것을 봤어요. 이제는 국내뿐 아니라 미국에까지 영향력을 미치고 있는가 봐요?"

외국에서는 집회 영상을 다운로드 받기가 어렵기 때문에 전도용으로 복사하는 것을 허용하고 있습니다. 그래서 집회 영상이 많이 복사된 줄은 알았지만 공공연하게 비치되어 있는지는 전혀 몰랐습니다.

그러고 나서 뉴저지 연합집회가 본격적으로 시작된 것은 내게 원예치료 수업을 받은 제자 최에스더 전도사를 통해서입니다. 에스더 전도사는 미국과 캐나다 집회를 위해 하나님이 숨겨놓으신 동역자였습니다. 매주 월요말씀치유집회에 참석하여 은혜를 받고 있던 에스더 전도사가 이런 집회가 뉴저지에도 있었으면 좋겠다고 생각해, 자신이 미국에 거주할 때 모교회였던 뉴저지연합감리교회 목사님에게 연락을 한 것입니다. 이것이 계기가 되어 2009년 8월 3일 뉴저지 연합집회가 열리게 되었습니다.

뉴저지 집회 기간 동안 현지에 거주하신 경험이 있고, 평소 믿음 안에서 교제해오던 온누리교회 김선래 장로님이 나의 책과 동영상을 통해 은혜를 많이 받은 분이 있으니 꼭 한 번 만나볼 것을 권유했습니다. 워낙 소개받는 사람이 많기 때문에 모든 분을 다 만나볼 수 없는데도, 이상하게 그 분에 대한 이야기를 들었을 때는 꼭 만나봐야겠다는 생각이 들었습니다.

그때 저쪽에서 누군가 걸어오고 있었는데, 바로 그 분이 방금 소개받은 박선희 권사님이었습니다. 그 분은 나를 보자마자 이런 고백을 했습니다.

"장로님! 죄송하지만 고백해야 할 것이 있습니다. 제가 집회 동영상을 불법복사 하고 있으니 용서해주십시오."

이야기를 들어보니 박선희 권사님과 남편 이재랑 집사님은 말씀치유집회 동영상을 보고 들으며 인생의 어려운 시기를 지났으며, 그 은혜를 나누고자 집회 동영상 DVD를 복사해 사우나, 서점, 식품점 등에 비치해 많은 사람들에게 나누어주고 있었습니다. 그 당시 이미 2,000장의 CD와 DVD를 자비로 복사해 배포했다고 합니다(현재는 5,000장을 넘어섰습니다). 얼마나 놀라운 일인지요! 예수님의 사랑을 체험하지 못했다면 결코 할 수 없는 일입니다.

우리는 두 분과 깊이 교제하는 가운데 HTM 사역과 센터에 대한 비전에 대해서도 함께 나누었습니다. 그러는 가운데 이분들이 하나님의 감동을 받아 귀한 헌금도 해주었습니다.

그 후 이 두 분의 도움과 최에스더 전도사, 그리고 현지 교회의 적극적인 협력으로 2009년 12월에 드디어 제1기 미주킹덤빌더스쿨을 개최할 수 있게 되었습니다.

뉴저지 킹덤빌더스쿨은 해외 첫 킹덤빌더스쿨이었다는 점에서도 의미가 깊지만, 또 하나 이 스쿨을 통해 수많은 해외 동역자들(미국, 캐나다, 스위스 등)이 세워질 수 있었다는 점에서도 뜻 깊습니다. 지금 해외 동역자분들의 대부분이 이 첫 킹덤빌더스쿨을 통해 만나게 된 분들입니다. 이분들은 지금도 해외에서 집회가 열리면 먼 길을 마다하지 않고 누구보다 먼저 달려와 하나님나라의 일에 앞장섭니다.

연합을 바라시는 성령님의 역사

하나님께서는 연합을 무척 중요하게 생각하십니다. 여러 집회를 통해서 경험하는 것이지만 연합이 잘되는 집회에서 성령님의 역사가 더욱 크게 일어나는 것을 볼 수 있습니다. 또한 분열이 있던 곳에 성령님의 강권하심으로 연합의 역사가 일어나기도 하지요.

미국 캔자스시티에서 집회할 때의 일입니다. 그 지역에 작은 교회들이 여럿 있었습니다. 워낙 작은 도시이고 성도 수가 많지 않아서 성도들이 교회를 옮기는 과정에서 마음에 상처를 받은 목사님들과 성도들이 여러 명 있었습니다. 서로 얼굴 보기가 껄끄러운 상태였지만 그래도 연합집회에 많이 참석하셨습니다.

집회 마지막 날, 전혀 그럴 예정이 아니었지만 갑자기 하나님께서 마음에 감동을 주셔서 이렇게 선포했습니다.

"여기에서 얼굴 돌리고 안 보고 지내시는 분들, 서로 찾아가서 용서를 구하고 화해하세요."

사람들은 잠시 당황스러운 듯 고개만 이리저리 돌릴 뿐이었습니다. 그러나 이내 곧 자기가 떠나온 교회 목사님을 찾아가고, 그동안 반목했던 성도들을 찾아가서 악수하고 서로 부둥켜안고 울며 회개하고 기도하는 시간을 가졌습니다. 자신 안에 남아 있던 용서하지 못하는 마음을 모두 버리고 화해하는 놀라운 연합이 일어났습니다. 그 지역에서 처음 있었던 연합이었다고 합니다. 성령님이 허락하신 아름다운 선물이었습니다.

물질의 주인을 선포케 하신 하나님

캐나다 밴쿠버에서 있었던 집회 때 우리를 안내해주었던 윤덕규 권사님과의 인연으로, 나는 2009년 7월에 열린 '제14차 북미주 CBMC'에 강사로 초청을 받게 되었습니다. CBMC에서 중책을 맡고 계신 윤 권사님은 평소부터 비즈니스 영역에서 하나님의 주권이 선포되는 것에 대한 비전을 품고 계셨습니다. 나와 교제하는 가운데 '킹덤 비즈니스'에 대한 서로의 비전을 나누면서 깊이 공감하게 된 것입니다.

CBMC 집회 첫날, 북미주뿐 아니라 여러 나라 CBMC 대표들이 300명가량 모였습니다. 그런데 막상 가서 본 CBMC 모임은 내가 생각했던 것과는 조금 달랐습니다. 나는 하나님나라의 관점으로 비즈니스에 대한 진지한 고민과 기도가 있는 모임일 것이라고 기대했는데, 그런 모습보다는 친교와 관계에 조금 더 집중된 모임 같았습니다. 그러면서 내가 이상하게 느낀 것은 크게 두 가지였습니다.

첫째는 누구보다도 하나님나라의 물질 관리에 대해 많은 고민과 토론과 기도가 함께해야 하는 모임인데도, 이 부분에 대한 고민과 나눔이 부족해 보인다는 것입니다. 이를테면 기독경영 친교 모임에 가까웠습니다. 물론 친교와 교제를 통해서도 하나님나라는 확장됩니다. 그러나 "먼저 그의 나라와 그의 의를" 이루어야 할 하나님나라의 지체로서의 고민이 선행되어야 하는 것입니다.

둘째는 각 사람 안에 '킹덤 비즈니스'에 대한 개념이 부족해 보인다는 점이었습니다. 사업 안에서 하나님나라를 구축하려는 열정을 느끼기가 어려웠습니다.

그 모습을 보면서 지금 이대로는 킹덤 비즈니스에 대해 나누더라도 그 개념이 개인의 심령에 심겨지기 어렵겠다고 생각한 나는 집회 셋째 날 설교에 앞서서 먼저 이렇게 선포했습니다.

"제가 준비해온 주제는 아니지만 지금 이 시간에는 하나님나라의 재정 관리에 대한 이야기를 나누고 싶습니다. 그런데 강사가 '돈'에 관한 이야기를 하게 되면 오해의 소지가 있기 때문에 미리 말씀드리겠습니다. 저는 이번 집회의 강사료를 받지 않겠습니다."

그러자 다들 어리둥절한 표정이었습니다. 강사가 뜬금없이 왜 저런 말을 할까 하고 생각하는 것 같았습니다. 그러고 나서 재정에 관해 40분 정도 설교했습니다.

그날 설교를 통해 '드림'과 '나눔' 두 가지에 대해 나누었는데, '드림'은 하나님나라를 위해 물질을 드리는 것이고 '나눔'은 자신이 원하는 곳 어디에라도 자신의 것을 흘려보내는 것을 말합니다. 설교를 마치고 나는 말씀에 반응하도록 도전하였습니다.

"여러분이야말로 하나님의 뜻대로 부(富)를 창출하고 선교와 복음의 확장을 위해 그 재정이 흘러갈 수 있도록 기도해야 하는 분들입니다. 그러기 위해 여러분이 먼저 믿음을 보여야 하지 않겠습니까? 지금 이 시간 CBMC의 발전을 위해 물질을 드리고 나누는 시간을 가졌으면 좋겠습니다."

하나님의 물질이 자신을 통해 어떻게 흘러가는지 보도록 하자는 것이었습니다.

그래서 헌금하는 시간을 가진 뒤 재정에 대한 기름부으심을 위해 기도하는 시간을 가졌습니다. 놀랍게도 그날 모인 헌금은, 나눔이 20만 불, 드림이 22만 불, 모두 합쳐서 한화(韓貨)로 약 5억 원 정도 되는 금액이 모였습니다.

집회 후 헌금을 계수한 분들이 너무 놀란 나머지 잠을 이루지 못할 정도였다고 합니다. 도저히 일어날 수 없는 일이 일어났기 때문입니다. 나중에 알고 보니, CBMC 대학을 활성화시키는 것이 역대 회장들의 반복되는 공약이었는데, 정작 자신의 물질을 드리고 나누는 사람이 없어서 한 번도 제대로 이루어진 적이 없었다는 것입니다. 그런데 그 마음판에 킹덤 비즈니스에 대한 비전이 심겨지자 놀라운 일이 일어난 것입니다.

그때 CBMC 집회에서 위원장을 맡았던 분이 김기일(솔로몬 김) 장로님입니다. 김기일 장로님은 나눔과 드림 시간에 1만 불을 헌금하기로 작정하고 수표책에 '1만 불'이라고 적었다고 합니다. 그런데 마음 깊은 곳에서 이런 하나님의 음성이 들려왔습니다.

"나에게 드릴 수 있는 것이 이것밖에 없느냐?"

준엄한 그 음성에 김기일 장로님은 "하나님, 죄송합니다"라고 회개하고는 바로 수표를 찢고 새로운 수표책에 10만 불을 적어서 드렸다고 합니다. 이분은 그때부터 헤븐리터치 사역에 깊은 관심을 갖게 되었고, 이후 뉴저지에서 열린 킹덤빌더스쿨에 참석하면서 완전히 킹덤 멘털리티로의 신앙관을 재정비하는 역사가 일어났습니다. 지금은 HTM 북미주대외협력책임자로서 누구보다도 앞장서서 하나님나라를 일으키는 킹덤빌더로 활약하고 계십니다.

그 시간은 하나님의 임재 가운데서 물질에 대해 자유함을 얻는 시간, 자신의 물질을 소유하는 것이 아닌 흘려보내야 하는 것임을 깨닫고 그것이 무엇인지를 실제로 경험하는 귀한 시간이었습니다. 새로운 돌파가 일어난 것입니다. 나 역시 그 집회를 통해 하나님께서 예비하신 하나님나라를 사모하는 준비된 많은 동역자를 만나는 등 하나님의 놀라운 인도하심과 뜻을 경험한 시간이었습니다.

진정한 킹덤의 회복

영국 레인즈팍 한인교회에서는 매년 런던과 런던 주변 목회자들이 모여 1박2일 동안 '목회자·선교사 세미나'를 개최합니다. 성령사역에 대한 주제로 모임을 진행하려고 하다보니, 영국에는 성령사역이라는 것이 희소하기 때문에 한국에 있는 나에게까지 연락이 오게 되었습니다.

집회 요청을 받고 나는 일정과 너무나 먼 거리 때문에 갈등이 생겼습니다. 그러나 복음의 중심지 중 하나인 유럽 영국에서 성령님의 역사를 목도한다는 것이 무척 뜻있는 일이라는 생각에 기도하는 가운데 승낙하였습니다.

영국 런던에서 집회를 준비하며 기도하는데 하나님께서 이런 질문을 던지셨습니다.

"영국이 킹덤이냐? 킹덤이 아니냐?"

영국의 정식 영어 명칭은 '유나이티드 킹덤'(United Kingdom)이지 않습니까? 당연히 '킹덤'이 맞지 않을까요? 그러나 곰곰이 생각한 끝에 이렇게 말씀드렸습니다.

"영국에는 여왕이 있지만 여왕의 통치, 주권, 다스림은 없습니다. 그렇기 때문에 영국은 킹덤이 아닙니다."

하나님께서는 그 대답에 "옳다"라는 마음을 주셨습니다.

그렇습니다. 하나님의 나라가 임했다고 선포할 때에는 하나님의 주권과 통치, 다스림이 회복되어야 합니다. 하나님께서는 영국 집회를 준비하는 가운데 하나님나라에 대해 더 깊이 묵상할 수 있는 은혜를 주셨습니다.

150여 명의 목회자, 선교사들이 모인 가운데 성령님에 대해 설교를 하는데, 처음에는 관망 내지 호기심 또는 싸늘한 반응으로 시작되었습니다. 그러나 성령님께서 친히 역사하실 것을 기대하며 설교하는 가운데 점차 사람들의 반응이 바뀌기 시작했습니다. 성령님의 역사가 느껴지기 시작했고, 사람들의 마음문이 열리고 변화되기 시작했습니다.

마지막 시간에 실질적인 성령사역에 대해 이야기하면서 "그러면 실제로 성령님께서 임하셔서 역사하시는 현장을 우리 함께 나누어보시지요" 하며 기도하는 시간을 갖자고 하자 한 목사님이 벌떡 일어나

이의를 제기하셨습니다.

"그런 말이 성경 어디에 있습니까? 여기에 그런 말을 믿는 사람은 아무도 없소. 성경의 근거를 대시오!"

그런데 분위기가 이상합니다. 그 분은 다른 목사님들도 자기에게 동조할 줄 알았는데, 아무도 동의하지 않는 것입니다. 오히려 모두들 기도를 받겠다고 줄지어 앞으로 나오기 시작했습니다. 목사님들이 줄지어 기도를 받는데 방언이 터지는 등 성령님이 강하게 임하셨습니다. 성령님의 강력한 주장하심이었습니다.

그 목사님은 동료 목사님들이 성령님의 강한 임재 가운데 하나님께 영광 돌리는 모습을 보며 많이 놀라는 것 같았습니다. 그리고 한참 뒤에 조용히 내게 와서 "제가 성령님에 대해서 잘못 이해한 것 같습니다. 미안합니다"라고 사과했습니다.

은혜를 나누기 원하시는 하나님

첫 날 집회를 마친 뒤 숙소로 돌아왔는데 하나님께서 주시는 마음이 있었습니다.

"목회자나 선교사임에도 불구하고 은혜를 누리지 못하는 사람들이 있다. 그리고 물질적으로 몹시 고통을 받는 사람이 있다. 그러니 백 불씩 10개의 봉투를 준비하라."

나는 속으로 불만이 생겼습니다.

'아니, 주님! 강사인 내가 강사료를 받아도 시원찮은데, 오히려 돈

을 천 불이나 내야 하나요?'

하지만 거듭 "준비하라" 하시는 주님의 음성에 순종하고, 백 불 씩 봉투에 넣어 준비했습니다.

다음 날 아침, 우리 일행을 태우고 차를 운전해주신 집사님이 "하나님께서 선물로 드리라고 하셔서 드립니다"라고 말씀하시며 포장된 책 한 권을 내밀었습니다. 나는 생각 없이 "고맙습니다" 하고는 책을 받아 가방에 넣고 집회 장소로 이동했습니다.

나는 그날 집회를 인도하면서 하나님께서 감동을 주시는 대로 이렇게 선포하였습니다.

"목회자·선교사 세미나에서 이런 이야기를 해야 하다니 저로서도 도대체 무슨 일인지 모르겠습니다. 그러나 하나님께서 시키시니 순종하는 것입니다. 이 자리에 참석하신 분 중에 평생을 하나님을 위해 섬겼지만 하나님께서 베푸시는 은혜를 경험하지 못하신 분들이 계신 것 같습니다. 그리고 물질적으로 너무나 어려운 분이 계십니다. 이런 분들은 자리에서 일어나주십시오."

잠시 동안 어리둥절한 표정으로 서로를 보더니 몇 분이 쭈뼛거리며 일어나기 시작했습니다. 한편 어떤 사모님이 일어나려고 하자 옆에 앉은 목사님이 창피하게 왜 이러느냐고 사모님의 옷자락을 잡아당기는 모습도 보였습니다. 그렇게 최종적으로 일어나신 분이 꼭 열 분이었습니다.

나는 미리 준비한 백 불씩 담긴 봉투를 나눠드리고 한 분씩 기도해드리면서 이렇게 말씀드렸습니다.

"이 돈은 절대로 다른 사람에게 쓰지 마시고 개인적으로 가장 즐거운 일에 쓰십시오. 목사님과 사모님이 가장 멋진 곳에 함께 가셔서 즐거운 식사를 하시면서 하나님이 주신 기쁨과 은혜를 꼭 누리시기를 바랍니다."

그러자 여러 분들이 그동안 하나님을 섬기고 베푸는 데 열심을 냈지만, 한 번도 이런 섬김을 받아본 적은 없었다면서 울기도 하시며 정말 기뻐하셨습니다. 하나님께서 원하셨던 것이 바로 그것이었습니다.

나눈 것보다 더 크게 채우시는 하나님

둘째 날 집회를 마치고 조금은 피곤한 상태로 숙소로 돌아왔습니다. 잠시 감사기도를 드리고 쉬고 있을 때, 문득 그날 아침에 받은 선물이 생각났습니다. 최근에 읽고 은혜 받은 책을 선물했으려니 하고 가방에서 선물을 꺼내 풀어보았습니다.

그랬더니 이게 웬일입니까? 책에 쪽지와 함께 2천 불이 들어 있었습니다. 하나님께서 내게 나누라고 하신 금액의 꼭 두 배가 들어 있는 것입니다. 쪽지에는 이렇게 쓰여 있었습니다.

"하나님께서 드리라고 해서 드리는 것입니다."

하나님께서는 내게 천 불을 은혜로 나누도록 하셨고, 그보다 더 큰 은혜를 내게 부어주신 것입니다. 하나님께서 천 불을 준비하라고 하셨을 때 잠시나마 불평했던 것이 무척 부끄러워지면서 항상 더 크게 은혜 베푸시는 하나님께 다시 한번 감사의 기도를 드렸습니다. 하나님께서는 우리에게 은혜 베푸시기를 원하시는 분입니다. 또한 우리가 받은 은혜를 나누어주고 흘려보내기를 바라시는 분입니다. 우리가 그 음성에 순종할 때 그 은혜가 배가 되는 것을 체험할 수 있었습니다.

복음의 빚을 갚는 은혜의 통로

해외집회는 늘 긴장감과 더불어 설렘을 갖게 합니다. 이번 집회에서는 하나님께서 어떤 분을 숨겨놓으시고 만나게 하실까, 또 어떤 일들을 행하실까 하는 마음 때문입니다. 가는 곳곳마다 상황과 처지가 다르고 하나님의 인도하심이 다르지만, 한 가지 분명한 것은 더 큰 은혜와 자유를 위해 갈망함으로 부르짖고 갈급해하는 목회자와 평신도들이 있다는 사실입니다. 하나님께서는 그 분들에게 기름부으시기를 원하십니다. 그리고 한인 사회뿐 아니라 그 지역과 그 민족을 변화시키는 킹덤빌더로 세우기를 원하십니다.

하나님께서 전 세계에 한인(韓人) 디아스포라를 중국인 다음으로 많이 흩어 놓으시고 가는 곳곳마다 교회를 세우게 하신 이유가 무엇일까 생각해봅니다. 언젠가는 바로 그 한인 그리스도인들을 통해서 100년 전 우리가 받았던 그 은혜를 되갚기를 원하시는 것이 아닌가 하는 생각을 떨칠 수가 없습니다. 나는 지금도 그것을 꿈꾸며 그 일을 감당할 킹덤빌더를 세우기를 소망합니다.

12
애틀랜타에서 비전을 새롭게 하시다

애틀랜타로부터의 부르심

2011년 1월, 어쩌면 내가 평생토록 잊지 못할 애틀랜타에서 집회가 열렸습니다. 나는 평소 우리나라뿐 아니라 전 세계를 대상으로 하나님나라의 복음을 전하는 것을 매우 중요하게 생각하며 기도로 준비하고 있었습니다. 그중에서도 언젠가 애틀랜타에서 영적 부흥이 일어날 것을 기도하며 기대하는 가운데 하나님께서 뜻을 보여주시고 길을 열어주시기를 기다리고 있었습니다.

애틀랜타는 지역적, 문화적으로 중요한 위치를 점하는 곳입니다. 애틀랜타는 옛날 남북전쟁 당시 남군의 정부가 있던 곳으로, 미국에서 가장 보수적인 지역 중 하나입니다. 오늘날에도 미국의 전통과 역사가 생생하게 살아 있습니다. 그래서인지 최근 한인뿐 아니라 서부로 대거 이동했던 미국인들까지 이쪽으로 다시 몰려오는 추세입니다. 또 올림픽이 개최되기도 했던 미국에서 손꼽히는 대도시입니다. 따라서 애틀랜타가 영적으로 부흥하고 바로 서게 된다면 미국 여러 계층과 지역으로 영향력을 끼칠 수 있는 또 하나의 문이 열리게 되는 것입니다.

애틀랜타는 지역적, 문화적으로도 중요한 의미를 지닌 곳이지만 개인적으로도 중요한 의미가 있는 장소입니다. 내가 공부한 조지아대학(University of Georgia)은 애틀랜타 권역에 있는 아텐스(Athens)라는 도시에 있는 학교입니다. 나는 그곳에서 하나님을 처음 만났습니다. 말하자면 애틀랜타는 나에게 영적 고향과도 같은 곳입니다.

마음으로 품고 기도하는 가운데 세밀한 하나님의 인도하심을 만나게 되었습니다. 때때로 어떤 집회를 준비하다보면 그 지역의 누군가가 마게도냐인처럼 그곳에 숨어 기도하고 있음을 보게 됩니다.

> 밤에 환상이 바울에게 보이니 마게도냐 사람 하나가 서서 그에게 청하여 이르되 마게도냐로 건너와서 우리를 도우라 하거늘
>
> 행 16:9

애틀랜타 집회는 한 권사님의 눈물어린 헌신으로부터 시작되었습니다. 2010년 9월 어느 월요일, 말씀치유집회를 준비하기 위해 선한목자교회에 도착하여 차에서 내리는 순간 나는 누군가와 우연히 마

주쳤습니다.

"제가 장로님을 뵙기 위해 미국에서 왔습니다!"

그 분은 나를 보자마자 앞뒤 설명도 없이 이렇게 말했습니다. 그러면서 작은 보따리를 하나 내게 내밀었습니다. 나는 집회 장소에 들어가야 했기 때문에 상황을 파악할 새도 없이 그 보따리를 손에 받아 들었습니다.

집에 돌아와 보따리를 풀어보니 작은 선물과 함께 정에스더 집사라는 분의 간곡한 사연이 적힌 편지와 명함이 들어 있었습니다. 선물을 전해주신 분은 정에스더 집사의 어머니로, 정말로 미국에서부터 나를 만나기 위해 오셔서 무작정 월요말씀치유집회가 열리는 선한목자교회로 찾아오신 겁니다. 그런데 정말 우연히 내가 차에서 내릴 때 딱 마주친 것입니다.

정에스더 집사는 애틀랜타 한인들이 다 알 정도로 '큰손'으로 통하는 유명한 사업가였습니다. 그런데 최근 몇 년 사이에 두 남동생이 세상을 떠나고, 가지고 있던 사업체도 다른 사람 손에 넘어가 거의 폐인이 되다시피 했습니다. 그러다가 우연히 〈기름부으심〉 집회 DVD를 보게 되면서 영적 도전을 받게 되었고, 지금은 월요말씀치유집회 동영상을 보면서 다시금 회복되어 가는 중이라고 했습니다.

그러면서 자신을 살린 이 하나님나라의 복음이 애틀랜타 땅에도 전해졌으면 하는 소망을 품게 되었다고 전하며, 애틀랜타에 와서 집회를 열어주기를 간절히 사모하고 기도하고 있다는 내용이었습니다.

2010년 11월, 에스더 집사님을 통해 애틀랜타 집회가 본격적으로 시작되었습니다. 때가 된 것 같았습니다.

끈질긴 기도로 닫힌 문을 열다

집회 장소를 알아보는데, 여러 장소 중에서도 가장 좋은 곳은 크로스포인트 처치(Cross Pointe Church)였습니다. 그래서 우리는 그곳을 놓고 기도하기 시작했습니다. 크로스포인트 처치는 미국 침례교회로 1,500석 정도 되는 크고 아름다운 교회였습니다. 문제는 그곳이 지금까지 한 번도 한인들에게 문을 열어준 적이 없다는 것이었습니다.

집회의 장소로 교회를 빌려달라는 요청에 교회 측은 너무 촉박하게 요청했다는 이유를 들어 거절했습니다. 거절 답변을 들었음에도 에스더 집사는 포기하지 않았습니다. 함께 중보하는 사람들과 교회 수석 부목사 브루스 하디(Bruce Hardy) 목사를 찾아가 월요말씀치유집회 동영상을 보여주면서 열심히 설득했습니다.

그래도 승낙을 안 해주니 평일에 교회 주변을 돌며 기도하기도 하고 교회 문고리를 붙잡고 기도하기도 했다고 합니다. 비 오는 날 교회 밖에서 문고리를 잡고 기도하는 모습을 보며 미국 사람들이 감동을 받기 시작했습니다. 그렇게 해서 결국 장소를 빌려주겠다는 허락을 받게 되었습니다. 크로스포인트 처치의 문이 열리게 된 데에는 에스더 집사와 그 동역자들의 끈질긴 노력과 눈물의 기도가 있었습니다. 집회 후 크로스포인트 처치의 수석 부목사와 함께 식사하는 자리에서 그는 에스더 집사를 보며 이런 말을 했습니다.

"저 사람 아주 대단한 믿음의 사람이에요. 그리고 아주 끈질겨요."

감격적인 연합

첫 날 집회에 1,600여 명이 모였습니다. 애틀랜타 한인 집회로는 역사상 가장 큰 규모였다고 합니다. 또한 매우 감격스러운 장면이 펼쳐졌습니다. 그동안 한인에게는 단 한 번도 문을 열지 않던 미국 교회에서 집회를 했을 뿐만 아니라 연합집회위원장 목사님의 주선으로 미국 남침례교 총회장이 격려사를 하였고, 에스더 집사의 주선으로 미국 찬양인도자가 경배와 찬양 인도를 하며 한국과 미국의 놀라운 연합이 이루어진 것입니다.

집회를 반대하던 크로스포인트 처치의 목회자를 비롯해 미국인 스태프들, 찬양사역팀들 등 미국인들도 통역을 통해 집회에 끝까지 참석하였습니다. 이들이 나중에 고백하기를, 자기들도 하나님의 복음을 전하지만 이런 말씀은 들어본 적이 없으며 이런 놀라운 치유의 기적을 경험해본 적이 없다면서 무척이나 흥분했습니다. 그들은 여느 한국인들보다 더 뜨겁게 눈물 흘리며 감격 속에 예배를 드렸습니다. 특히 찬양과 경배 사역을 담당했던 미국 팀들은 집회가 끝날 때까지 기다렸다가 기름부으심 기도를 받고 돌아갔습니다.

첫 날 집회를 마치고, 이것이 하나님께서 우리의 기도를 들어주신 사인이라는 사실을 깨달았습니다. 또 한편으로 하나님나라의 복음은 인종과 지역에 상관이 없으며, 그 나라는 말에 있지 않고 능력에 있다는 성경의 말씀과 말씀에 따르는 실체가 얼마나 중요한지를 확인할 수 있었습니다.

과거 우리나라에 수많은 선교사를 파송한 미국의 교회가 유럽의 교회처럼 점차 쓰러져가고 있는 이 시대에, 오직 하나님나라의 복음만이 다시금 교회를 부흥케 할 수 있음을 확인하고, 코리안 디아스포라가 이제는 이 땅에서 복음의 빚을 갚아야 할 때라는 생각이 들었습니다.

기록적인 폭설

그런데 문제가 생겼습니다. 조지아 지역에 수십 년 만에 처음으로 엄청난 폭설이 내린 것입니다. 첫 날 집회를 진행하면서도 집회를 계속할 수 있을지 없을지 불확실한 상황이었습니다. 다행히 눈이 내리지 않는 가운데 첫 날 집회를 무사히 마칠 수 있었습니다. 그런데 집회를 마치고 성도들이 돌아갈 때부터 엄청난 양의 눈이 내리기 시작했습니다. 눈이 얼마나 많이 오는지, 모든 것이 다 정지해버렸습니다. 앞이 보이지 않았고, 차도 다닐 수 없었습니다. 학교도 휴교하고 모든 관공서도 휴무하는 기록적인 폭설이었습니다.

둘째 날 집회를 해야 하는데 도저히 사람들이 모일 수 있는 상황이 아니었습니다. 특히 집회 장소인 크로스포인트 처치는 언덕 위에 위치해 있었기 때문에 차도 진입할 수 없었습니다. 할 수 없이 다음 날 집회는 취소하기로 하고, 애틀랜타 방송과 인터넷과 신문사에 연락해

집회를 연기한다는 공지를 했습니다.

그렇게 월요일 저녁 집회는 취소됐지만, 연락을 못 받고 찾아오는 사람이 있을 것에 대비해 교회 밖 대로변에서 기다리다가 혹시라도 찾아오는 사람이 있으면 DVD라도 나누어주기로 했습니다.

눈밭 집회로 예수님의 마음을 배우다

저녁 5시 반부터 도로 옆에 차를 세워놓고 약 2시간여를 기다렸습니다. 자동차가 전혀 다닐 수 없는 상황임에도 불구하고 9대의 차량이 왔습니다. 그 분들도 혹시나 하는 마음으로 온 것입니다. 모두들 갈급한 심령으로 달려오신 분들이었습니다.

우리는 눈밭에 돗자리를 깔고 눈물 흘리며 기도해주었습니다. 기도해주는 우리 일행도, 기도를 받는 분들도 얼마나 감격스러운지 큰 감동과 놀라운 은혜가 있었습니다.

그렇게 눈길을 뚫고 찾아온 분 중에 인디애나에서 10시간이나 차를 타고 온 유학생 부부가 있었습니다. 아이의 꼬리뼈에 문제가 있어서 기도를 받기 위해 앞도 보이지 않는 궂은 날씨를 뚫고 온 것입니다. 그 어린아이를 위해 기도하는데, 우리의 마음도 함께 무너져내렸습니다. 예수님의 마음이 바로 이런 마음인가 싶은 생각이 들었습니다. 그 부모의 심령이 얼마나 갈급했던지, 인간이 할 수 있는 것이 아무것도 없기에 혹시나 하는 마음 하나로 달려온 것입니다. 1,600명을 위한 집회보다 그 한 사람을 위해 기도해주는 그 시간이 나에게는 더욱 귀하게 느껴졌습니다.

　자살 충동에 시달리던 외과의사, 차가 고장 나 한 시간 반을 무작정 걸어온 형제 등 다 저마다 갈급한 사연을 가지고 눈밭을 달려왔습니다. 그들을 위해 기도해주면서 한편으로 '이 사람들이 치유 받기 위해 이 궂은 날씨를 뚫고 달려왔는데, 기도할 때 기적이 일어나야 하는데…' 하는 생각과 함께 "하나님, 저에게 능력을 더욱 부어주십시오! 하나님, 역사하여주옵소서!" 하는 간절한 기도가 끊임없이 나왔습니다.

　그렇게 추위에 떨며 기도할 때 함께하던 모든 분들에게 하나님의 임재와 감동이 넘쳤습니다. 한 장로님은 눈물을 숨기기 위해 언덕에 올라가서 기도하고, 저는 차에 들어가 울었습니다. 그때 우리는 예수님의 마음을 느꼈습니다. 한 사람을 천하보다 귀하게 여기는 마음, 길 잃은 양을 찾듯이 한 영혼을 살리고자 하는 마음 말입니다.

　그날 그 하얀 눈밭이 최고의 기도 장소였습니다. 내 생애 최고의 집회로 기억에 남을 만한 시간이었습니다. 아마 그날 기도를 받았던 분들도 그날의 기억을 평생 잊지 못할 것입니다. 눈밭을 헤매고 목숨 걸고 찾아온 분들은 '그럼에도 하나님께서 기다리고 계신다'는 사실을 느꼈을 것입니다. 우리로서는 한 생명을 천하보다 귀하게 여기는 소중한 체험을 했습니다.

샤롯에서 되찾은 비전

조지아 주 애틀랜타 집회를 마치고 해외 동역자(이봉렬 장로, 이경애 집사)가 있는 노스캐롤라이나 샤롯에서 집회를 하기 위해 이동했습니다. 야곱이 벧엘에서 하나님의 약속을 받았던 것처럼, 샤롯은 내게 특별한 장소입니다.

2004년, 하나님의 인도하심으로 월요말씀치유집회를 시작하게 되었고, 2005년 미국 아덴스에서 안식년을 보내며 내가 치유사역자로 부름받은 것이 정말인지 하나님의 확답을 듣기 위해서 깊이 기도하며 묵상하는 시간을 가졌습니다. 그러다 우연한 기회에 샤롯에서 어느 집회에 참석하게 되었습니다. 그 집회에서 하나님께서는 부인할 수 없는 방법으로 내가 치유사역자로 부름을 받았다는 확증을 주셨습니다. 그리고 이제 햇수로 치면 7년째 되는 해에 나는 다시금 샤롯으로 가게 된 것입니다.

처음에는 그저 샤롯 연합집회를 위해서 간다고 생각했는데, 문득 그것이 다가 아니라는 사실을 깨달았습니다. 하나님께서 내가 옛 일에 감사하고 하나님께 영광 돌리며 첫 마음을 기억하기 바라셨다는 마음이 들었습니다.

빌리 그래함 센터를 통해 받은 하나님나라 복음 전파의 비전

"장로님, 우리가 헤븐리터치의 미래를 봤습니다!"

아침에 홀로 남아 그날 저녁 집회 때 전할 말씀을 준비하고 있는데,

시내 관광을 다녀온 일행의 흥분된 목소리가 들렸습니다.

"저희가 지금 빌리 그래함 기념관에 다녀왔습니다. 장로님도 그곳에 꼭 다녀오셔야 합니다! 그곳에서 헤븐리터치의 미래를 보았어요!"

그 이야기를 듣는 순간, 전후 사정이야 알 수 없었지만 빌리 그래함 기념관에는 꼭 가봐야겠다는 마음이 들었습니다. 오후 일정을 조정하여 빌리 그래함 기념관을 방문했습니다. 그곳에서 영상 자료를 보는데, 하나님께서 말할 수 없는 감동을 부어주셨습니다. 나의 내면에 울리는 하나님의 음성이 있었습니다.

"내가 빌리 그래함을 들어 전 세계에 구원의 복음을 전하도록 사용하였다. 너도 이렇게 쓰기를 원한다. 네가 그 일을 맡을 수 있겠느냐?"

그 영상을 보면 수많은 사람들 앞에서 빌리 그래함이 복음의 메시지를 전하는 장면이 나옵니다. 그 장면을 보면서 예전 1989년 박사 후 과정(post-doc)을 할 때 저녁마다 TV를 통해 빌리 그래함 목사가 큰 야외 운동장에서 설교하며 수백 명에게 구원을 요청하는 장면을 보고 감격하여 나도 빌리 그래함처럼 설교하는 흉내를 냈던 기억이 났습니다.

전 세계를 대상으로 복음을 선포하는 빌리 그래함의 모습과 그의 사역을 시대별로 정리해놓은 자료들을 보면서, 나는 나의 미래, 우리 HTM의 미래를 보았습니다. 빌리 그래함과 오랫동안 동역했던 분들의 그림이 전시되어 있는데, 그 그림 속 인물들을 보다가 나와 함께 동역하는 소중한 헤븐리터치 식구들의 얼굴이 오버랩 되어 보였습니다.

우리가 기도하는 것은 현재를 보는 것이 아니라 영적 세계에서는 이미 이루어진, 그러나 현실 세계의 미래를 바라보는 것입니다. 끝까지 충성한 자에게 주어진 빌리 그래함 기념관과 같은 HTM 기념관을 믿음의 눈으로 바라볼 때, 그것은 이미 이루어진 것입니다.

> 믿음은 바라는 것들의 실상이요 보이지 않는 것들의 증거니
>
> 히 11:1

지나온 시대에는 전 세계에 구원의 복음이 필요했지만, 애틀랜타에서 경험한 것처럼 하나님께서는 이제 전 세계에 하나님나라의 복음이 전해지기를 원하시는 것입니다. 하나님께서 빌리 그래함을 사용하셨던 것처럼 나와 HTM을 사용하시리라는 것을 감동으로 부어주셨습니다. 폭포수 같은 눈물이 흐르기 시작했습니다. 돌아오는 길에 어떻게 할 수 없을 정도로 마음이 뜨거워지고 내면으로부터 하나님의 음성이 강하게 들려왔습니다.

"그런데 정말 빌리 그래함처럼 너의 전부를 내려놓을 수 있겠느냐? 오직 복음 하나만으로 평생 그렇게 살 수 있겠느냐?"

구원 이후의 삶

이미 언급한 것처럼 하나님께서는 2005년에 나와 아내를 아덴스에

오게 하여 우리의 소명에 대해 기도하며 묵상하게 하셨고, 샤롯에서 그 소명을 확증해주셨습니다. 그리고 2011년에 다시금 애틀랜타 집회를 통해 새로운 비전을 주시고 다시 샤롯으로 인도하시어 빌리 그래함 기념관에서 나와 헤븐리터치의 미래를 보게 하시고 우리 안에 하나님의 믿음이 생겨나게 하셨습니다. 과거에는 나와 내 아내였지만 지금은 HTM의 스태프들 모두에게 HTM의 비전에 대해 동일한 마음을 부어주셨습니다.

말씀은 언제나 존재하는 변치 않는 진리이지만, 하나님께서는 시대에 따라서 사람을 들어 그 시대, 그 상황에 맞는 복음을 전하게 하십니다. 하나님께서는 60년대부터 7,80년대까지는 믿지 않는 자들을 구원의 자리로 초청하는 '구원의 복음'을 전하게 하셨습니다. 하나님은 사랑이시며, 하나님은 우리를 용서하시며, 예수 그리스도를 믿으면 구원을 얻는다는 '구원 복음'을 평생에 걸쳐 전 세계에 전하는 데 쓰임 받았던 분이 빌리 그래함 목사입니다. '복음 전파자'로서 가장 오랫동안 아름다운 삶을 사신 분입니다.

그런데 이 땅에 구원 받은 자가 그렇게 많지만, 그 구원 받은 자가 그 다음 단계로 해야 할 일, 즉 권능을 받고 이 세상(각자의 삶터)을 하나님나라로 만드는 일에 소홀했던 것을 생각해봅니다. 그 결과로 믿는 자가 세상에 영향을 끼치기는커녕 오히려 세상이 교회에 영향을 끼쳐 교회가 무너져가고 있는 시대에 하나님나라의 복음을 전하게 하시는 것입니다.

구원 복음이 필요하지 않다는 말이 아닙니다. 한 걸음 더 나아가서 이제는 구원 받은 자가 하나님나라의 삶을 살아야 한다는 말입니다. 그리고 '뜻이 하늘에서 이룬 것처럼 이 땅에 이루어지도록' 해야 합니다. 하나님나라는 말에 있지 않고 능력에 있다는 사실을 전해야 하고, 보여주어야 하며, 그런 삶을 살아야 한다는 것입니다. 그것이 하나님나라의 복음입니다. 따라서 지금 이 시대에 가장 필요한 것은 2천 년 전 예수님이 행하셨던 바로 그것입니다. 그것은 하나님나라 복음을 전하고 하나님나라의 도래에 따른 징표를 보여주는 것입니다.

> 예수께서 온 갈릴리에 두루 다니사 그들의 회당에서 가르치시며 천국 복음을 전파하시며 백성 중의 모든 병과 모든 약한 것을 고치시니 마 4:23

지금은 구원의 복음 이후의 복음, 즉 하나님나라의 복음을 전해야 할 때입니다. 구원 이후의 삶, 다시 말해 구원을 이루어나가는 삶에 대해서 선포해야 합니다. 우리가 구원을 이루는 삶을 살지 못하면 결국에는 부끄러운 구원을 얻게 될 것입니다.

구원 이후의 삶이란 성령님을 좇아 행하는 삶, 성령님을 따라가는 삶입니다. 새 언약의 일꾼이 되어야 합니다. 내 안에 들어오신 하나님의 영광과 하나님께서 약속하신 말씀이 이 땅에 나타나도록 하는 삶을 살아야 합니다. 그것이 새 언약의 일꾼의 삶입니다.

> 그가 또한 우리를 새 언약의 일꾼 되기에 만족하게 하셨으니 율법 조문으로 하지 아니하고 오직 영으로 함이니 율법 조문은 죽이는 것이요 영은 살리는 것이니라 고후 3:6

우리가 새 언약의 일꾼의 삶을 살 때, 우리는 육신의 장막이 벗어진 다음에도 예수님이 재림하실 때 부활의 몸을 다시 입고 천 년 동안 이 땅에서 예수님과 함께 왕 노릇 하게 될 것입니다. 그러나 잠자는 자, 즉 영생을 얻었지만 새 언약의 일꾼의 삶을 살지 못하는 자는 천년왕국 동안 왕 노릇에 참여하지 못하고 마지막 백 보좌 심판 이후에 예수님께서 모든 나라와 권세를 하나님께 올려드릴 때, 그때 다시금 부활하는 삶을 살 수밖에 없습니다. 그래서 요한계시록에 보면 첫째 부활에 참여하는 자가 거룩한 자며 복된 자라고 말씀하는 것입니다.

> 이 첫째 부활에 참여하는 자들은 복이 있고 거룩하도다 둘째 사망이 그들을 다스리는 권세가 없고 도리어 그들이 하나님과 그리스도의 제사장이 되어 천 년 동안 그리스도와 더불어 왕 노릇 하리라 계 20:6

다시 확인시켜주신 성령님

샬롯에서의 일정을 모두 마치고 다시 애틀랜타로 돌아와 한국으로 가기 위해 공항으로 가는 길이었습니다. 가는 도중 갑자기 '내가 여권을 챙겨 왔나?' 하는 불안이 엄습했습니다. 아무래도 그냥 가면 안 될 것 같아 차를 세우고 확인해보기로 했습니다. 그래서 일행이 타고 있던 뒤차에 연락해 잠시 차를 세우도록 했습니다. 여권은 그 차에 보관되어 있기 때문이었습니다.

그래서 큰 도로에서 빠져나와 근처에 있던 호텔 앞 주차장에 차를 세워 여권을 확인했습니다. 그러고 나서 그 호텔을 보니 놀랍게도 2005년도에 샤롯에서 온 목사님이 집회를 했던 호텔이었습니다. 우연치고는 너무 재미있는 우연이었습니다. 다시 차에 올랐을 때 하나님께서 다시 한번 마음에 이런 감동을 주십니다.

"너 잊지 말라고 가기 전에 다시 한번 이야기하는 거야."

내가 샤롯에 와서 하나님과 교제했던 것을 잊지 말고 기억하라고 다시 한번 말씀하시는 것 같았습니다.

2011년 애틀랜타 집회와 샤롯에서의 일정은 성도들에게도 물론 은혜였겠지만, 누구보다 나와 우리 스태프들에게 놀라운 은혜였습니다. 선교사들로부터 구원 복음을 듣고 이렇게 성장한 우리 한인들을 통해 이제 그들에게 하나님나라의 복음을 전하라고 하시는 주님의 감동, 한 영혼을 찾으시는 예수님의 마음, 또한 HTM의 리더십들과 미래의 새로운 비전을 받을 수 있었으니 얼마나 감사한지 모릅니다.

이 일은 주님의 일입니다

아무리 큰 외부집회를 마치고 돌아온 후에라도 내가 매주 서야 할 곳은 월요말씀치유집회의 자리입니다. 매주 드려지는 예배이지만, 나는 매주 매우 두렵고 떨리는 심정으로 단에 오르곤 합니다. 월요말씀치유집회에 서기 전이면 언제나 그렇듯 엄청난 긴장감이 밀려듭니다. 사탄이 참소할 때도 있습니다.

"오늘은 아무런 역사도 일어나지 않을 거야!"

설교 준비를 많이 하든 덜 하든, 기도를 많이 하든 덜 하든 상관없이 그 긴장감과 영적 공격은 상당합니다. 주님께 하소연도 해봅니다.

'아, 주님! 정말 내가 이 일을 잘할 수 있을까요?'

그러나 이 긴장감과 참소는 사탄이 주는 것임을 알기에 마음속으로 기도합니다.

"주님, 그렇습니다. 이 일은 내 일이 아닙니다. 주님, 나를 죽여주시고 주님이 함께하여 주옵소서. 주님이 함께하지 않으시면 내가 할 수 있는 것은 아무것도 없습니다. 내 모습이 드러나지 않도록 성령님께서 기름부어주옵소서. 성령님께서 친히 말씀하시옵소서. 나는 단지 통로만 되게 하여주옵소서."

그리고 단상에 서기 직전까지 이렇게 기도합니다.

"주님, 저 혼자는 못합니다."

그러면 주님은 늘 제 마음속에 이렇게 말씀하십니다.

"내가 너와 함께한다. 두려워하지 말라. 담대해라. 내가 너를 보호할 것이다. 이것은 너의 일이 아니라 나의 일이기 때문이다."

그러면 참으로 놀랍게도 모든 두려움이 사라집니다. 두 다리에 힘이 들어가기 시작합니다. 하나님의 영광이 나를 사로잡고, 천사들이 나를 보호하는 것 같습니다. 담대한 마음이 생기고 말할 수 없는 감사와 평안이 밀려옵니다. 그리고 이렇게 고백합니다.

"주님, 도대체 내가 누구관대 이런 특권을 주십니까? 주의 말씀을 전하고, 주님께서 나를 통해 나타나는 것이 얼마나 큰 특권이고 영광인지요. 내 인생 최고의 순간입니다!"

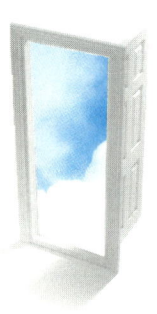

주의 성령이 내게 임하셨으니 이는 가난한 자에게
복음을 전하게 하시려고 내게 기름을 부으시고 _눅 4:18

5

WE EXPECT YOU, HOLYSPIRIT

기름부으시는 성령님

13
기름부으심이 넘치는
말씀과 기도의 비밀

호흡이 끊어지지 않도록 기도하라

"장로님은 성령사역을 하기 위해 하루에 몇 시간이나 기도하십니까?"

이 사역을 하려면 굉장히 많은 시간을 기도하며 보내야 할 것이라는 고정관점을 가진 사람들이 대개 이렇게 질문합니다. 물론 많이 기도해야 합니다. 그러나 사실을 고백하자면 나는 시간이 지날수록 물리적으로 하루에 몇 시간씩 기도할 수 있는 시간이 점점 더 부족해집니다. 성령사역을 하는 자로서 성령님과 교제하는 생활을 할 때, 내게는 두 가지의 큰 어려움이 있습니다.

첫째, 성령사역을 하게 되면 기도의 시간이 많아야 하는데 내게는 따로 기도할 수 있는 시간적 여유가 별로 없습니다.

교회에서 섬기는 일을 맡으면 섬기면 되고, 열심히 일하라면 하면 됩니다. 하지만 성령사역은 성령님과의 영적인 교제가 반드시 전제되어야 합니다. 그런데 학교에서 전공 논문을 읽고 지도하고, 또 직접 논문을 쓰다보면 기도에 전념하기가 쉽지 않습니다.

둘째, 대학교수 생활을 하다보니 소위 말하는 영성(靈性)과 혼성(魂性)의 모드(mode) 전환이 용이하지 않습니다.

학교 일은 대개 혼적인 일이라고 할 수 있습니다. 월요일만 해도 저녁에 말씀치유집회를 인도해야 하기 때문에 오전 수업을 하고 학교 업무를 보다가도 그 모드를 전환하여 영적인 사역을 해야 하는 것이 말처럼 쉽지 않습니다.

따로 기도할 시간이 부족하다고 해서 내가 기도를 많이 하지 않는다는 말이 아닙니다. 나는 내 나름대로 늘 기도하고 있습니다. 새벽예배 시간에 하나님과 독대하는 조용한 시간을 반드시 갖습니다. 그리고 삶 속에서 수시로 기도합니다. 예를 들자면 나는 삶 자체가 기도라 생각하고 기도합니다. 기도는 영적 호흡입니다. 호흡을 멈출 수 있습니까? 규칙적인 호흡이 끊어지면 안 되는 것처럼 기도는 수시로 해야 합니다.

> 모든 기도와 간구를 하되 항상 성령 안에서 기도하고 이를 위하여 깨어 구하기를 항상 힘쓰며 여러 성도를 위하여 구하라 엡 6:18

거룩한 낭비의 시간을 보내라

물론 규칙적으로 운동을 하듯이, 따로 시간을 내어 일정한 시간 동안 기도합니다. 예전에 나의 기도가 어땠는지 떠올려보니, 사는 건 그냥 사는 것이고, 기도하는 건 기도하는 것으로 양분되어 있었습니다. 예를 들자면, 새벽기도 때 교회에 가서 오늘 해야 할 일들과 사람들과의 관계에 대해서 기도한 다음 학교에 와서는 "주님! 새벽에 시간을 내서 기도했으니 지금은 하나님께서 내 삶에 개입하셔서 나를 도와주십시오" 하는 식이었습니다.

혹시 예전의 나처럼 기도하는 분이 있다면 그런 기도의 패턴에서 벗어나기를 바랍니다. 시간을 내서 기도하는 것이 귀하지 않다는 말이 결코 아닙니다. 꼭 시간을 내어 일정 시간 주님께 기도하셔야 합니다. 그렇지만 자신의 삶 자체가 하나님과의 교제가 되는 것이 굉장히 중요하다고 말하는 것입니다. 일상(日常)이 기도가 되어야 합니다. 다른 말로 하나님을 믿는다는 것은 그분과의 관계이며, 그 관계는 삶의 모든 부분과 시간에 있어야 한다는 것입니다. 어떻게 관계를 맺습니까? 바로 하나님의 임재의식입니다. 하루 종일 하나님의 임재 안에서 생활하고자 노력하는 것이지요.

> 그날에는 내가 아버지 안에, 너희가 내 안에, 내가 너희 안에 있는 것을 너희가 알리라 요 14:20

하지만 이것이 말처럼 쉽지는 않습니다. 삶 가운데서 기도하려면 그분의 임재를 느껴야 하며 그분이 내 삶의 모든 부분에 나타나시는 실제를 경험해야 합니다. 이를 위해서는 홀로 골방에서 기도에만 시간을 쏟는 '거룩한 낭비'의 과정이 반드시 필요하기 때문입니다. 오랜 기도의 훈련과 거룩한 낭비의 시간 없이, 단지 열심히 기도한다고 해서 갑자기 삶 속의 기도가 이뤄지는 것은 아닙니다.

나의 경우만 보더라도 삶으로서의 기도 훈련을 위해 광야와 같은 시간을 통과했습니다. 하루 종일 혹은 하루에 몇 시간씩 골방에서 기도하고 말씀을 보는 거룩한 낭비의 시간을 통해 하나님과의 친밀함이 깊어졌고, 그렇게 하나님과의 친밀함이 깊어지자 살아가는 순간마다 하나님의 나타나심이 일어나고 하나님께 기도를 올려드리는 것이 쉬워졌습니다.

이 과정을 통해 믿음이 성숙해지는 유익을 얻을 수 있으며, 하나님께서 언제든지 나를 통해 나타나시도록 하는 마음의 비움의 상태가 점점 더 수월해집니다. 하나님의 영광의 통로가 되기에 자유로워지는 것입니다. 이것이 기도의 열매이며 기도 훈련으로 누리게 되는 놀라운 은혜입니다.

> 새 포도주를 낡은 가죽 부대에 넣지 아니하나니 그렇게 하면 부대가 터져 포도주도 쏟아지고 부대도 버리게 됨이라 새 포도주는 새 부대에 넣어야 둘이 다 보전되느니라 마 9:17

하나님의 인도함을 받는 기도가 가장 실제적이다

이렇게 되기 위해서는 먼저 믿음이 있어야 합니다. 단지 기도할 때 말로만 믿는다고 하는 데 그치는 것이 아니라 실제 삶에서 그 믿음이 적용되어야 한다는 것입니다. 예를 들어 어떤 사람과 대화를 나눈다고 생각해봅시다.

"하나님, 오늘 어떤 사람과 이런 문제로 대화를 나누는 데 문제가 어떻게 해결되기를 소원합니다. 성령님을 보내주셔서 도와주시옵소서"라고 기도만 하고 마는 것이 아니라 실제로 대화할 때 기도한 대로 성령님께서 나타나주실 것을 믿으며 대화할 때, 하나님의 영광이 대화하는 두 사람을 사로잡으실 것입니다. 그럴 때 나의 마음이나 상대방의 마음이 변화되고, 하나님의 뜻대로 이루어지는 것을 느끼게 될 것입니다. 이런 식으로 우리는 스스로 믿음을 시험해볼 수 있습니다. 이로써 은혜가 무엇인지도 경험합니다. 따라서 이런 기도야말로 가장 실제적이라고 생각합니다.

어찌 보면 전통적인 기도의 개념, 즉 일상과 기도 시간을 구분하여 기도한다면 기도하는 시간에만 하나님과 연결된 것입니다. 그러나 삶 속에서 지속적으로 그분과 관계(기도)한다면 24시간 내내 성령님의 인도함을 받게 될 것입니다. 삶 가운데서 그분의 인도와 능력을 경험하기 위해서는 지속적으로 관계를 맺어야 합니다. 흡사 전류가 지속적으로 흐르지 않으면 스탠드의 불이 켜지지 않는 것처럼 말입니다.

> 나는 포도나무요 너희는 가지라 그가 내 안에, 내가 그 안에 거하면 사람이 열매를 많이 맺나니 나를 떠나서는 너희가 아무 것도 할 수 없음이라 요 15:5

내 마음에 부어주시는 하나님의 기쁘신 뜻 신뢰하기

그리스도 영의 인도함을 받다보면 궁극적으로 나의 사고체계가 과거 옛 자아의 사고체계가 아니라 그리스도 영에 의한 새로운 사고체계로 변하게 됩니다. 그렇게 될 때, 내 심령에서 마음으로 올라오는 것은 내 뜻이 아니라 하나님께서 기뻐하시는 뜻을 이루시기 위하여 내 마음에 소원을 두는 것입니다.

> 너희 안에서 행하시는 이는 하나님이시니 자기의 기쁘신 뜻을 위하여 너희에게 소원을 두고 행하게 하시나니 빌 2:13

과거의 방식대로 일상생활과 기도시간을 구분했을 때 나는 내 마음속에서 뭔가 떠오르면 그것을 늘 부정하곤 했습니다.

'이것은 나의 인간적인 생각일 거야. 사탄이 주는 생각일 거야. 이게 하나님 생각 맞아?'

지금은 내 마음속에서 올라오는 것이 하나님이 기뻐하시는 뜻인지 아닌지를 쉽게 알게 됩니다. 왜냐하면 첫째로 육신으로부터 나오는 것이 아니라 영의 사고체계에서 나오는 것을 분별할 수 있게 되었고,

둘째로는 많이 들었기 때문입니다. 영의 사고체계에서 나오는 것은 어떤 상황에서 가질 수 있는 내 생각이나 느낌과는 관계없는 것입니다. 즉, 하나님께서 하나님의 뜻을 이루고자 당신의 뜻을 내 마음에 부어주시고(그의 소원을 내게 두시고) 그것을 행하게 하신다는 사실을 알게 해주셨습니다. 그것이 얼마나 감사한 일인지 모릅니다.

하나님이 주시는 말씀 적극적으로 나누기

최근에 나는 집회가 있거나 외부 사역이 있는 날을 제외하고 청담동에 있는 HTM 센터에서 날마다 새벽기도회를 인도하고 있습니다. 찬양, 설교, 개인기도 순으로 이어지는 다른 새벽예배와 달리 우리는 먼저 육신의 자아를 내려놓고 하나님의 임재 가운데 거하는 시간을 가집니다. 그러고 난 다음 찬양을 하고 소리 내어 기도합니다. 마지막으로 짧은 설교를 합니다. 성령에 의해서 마음밭이 옥토가 되게 한 다음 말씀의 씨앗이 심기도록 하는 것입니다. 매일 선포되는 말씀은 일상의 성령 안에서의 기도와 책읽기를 통한 성경 말씀의 묵상으로부터 주어지게 됩니다.

일상의 삶 동안에 '성령님이 나를 어떻게 인도하시는가? 성령님이 이 사건에 대해서 뭐라고 말씀하시는가?'를 늘 묵상합니다. 또한, 목사님의 설교 또는 어떤 이의 간증을 들을 때나, 책을 읽을 때도 그 가운데서 성령님이 알려주시는 것을 남김없이 메모하고, 그것에 대한 성경의 말씀을 찾아 묵상하며 온전히 내 삶에 적용시키고자 합니다.

'성령님께서 그것을 내 삶에서 어떻게 적용하기를 바라시는가? 그 내용에 비추어볼 때 나를 어떻게 바라보시는가?'

이렇게 매순간 주시는 말씀을 붙들면 그것이 나의 묵상이 되고 더 나아가 매일 새벽 설교의 제목이 됩니다. 새벽기도회를 위해 말씀을 따로 준비하지 못해도 밤에 잠자리에 들면서 "하나님, 내일 아침에는 어떤 말씀을 함께 나누면 좋을까요?"라고 기도할 때마다 묻곤 합니다. 어떤 말씀을 나눠야 하는지 당장 떠오르지 않는 날은 그냥 잠자리에 듭니다. 다음날 아침에 잠에서 깨어 "하나님, 오늘 어떤 말씀을 나누면 좋을까요?"라고 물으면 하나님께서 평소 내가 묵상한 말씀 중 하나를 선명히 기억나게 해주실 것을 믿기 때문입니다.

안수에 대한 오해

서빙고 온누리교회에서 처음 치유집회를 인도할 초창기에는 2백 명가량이 참석하곤 했습니다. 그때 나는 아픈 분들을 위해서 한 사람 한 사람 일일이 안수해주었습니다. 많은 사람들이 안수(按手) 받기를 원합니다. 특별히 아픈 사람들은 치유사역자가 손을 얹어서 기도해주면 그것을 단순히 인간의 행위로 보지 않습니다. 그 손을 통해 하나님의 임재와 사랑이 흐른다고 여기기 때문입니다.

> 뱀을 집어 올리며 무슨 독을 마실지라도 해를 받지 아니하며 병든 사람에게 손을 얹은즉 나으리라 하시더라 막 16:18

한편 사역자는 자신이 직접 안수하고 기도하면 꼭 병이 낫기를 기대합니다. 어떤 사람의 병이 낫기를 위해 기도했는데 치유되지 않으면 그 사람을 붙들고 계속 기도하기도 합니다. 어느 때는 기도하기만 하면 곧 나을 것 같은데 치유되지 않을 때도 있습니다. 그러면 하나님의 뜻을 구하기도 하지만 나도 모르게 은근히 약이 올라서 그를 붙잡고 죽자 살자 기도합니다. 그러면 결국 꽤 오랜 시간 동안, 한 사람만 기도하게 되고 기다리다 지친 사람들이 모두 돌아갑니다.

그래서 처음에는 집회가 끝난 뒤 아내에게 종종 볼멘소리를 듣기도 했습니다.

"왜 한 사람만 붙들고 그렇게 오래 기도하세요? 다른 사람들이 기다리다가 그냥 돌아가잖아요. 마무리 기도라도 하고 다시 기도하시든지…."

아니나 다를까 기도를 마치고 주위를 둘러보면 이미 다 가고 아무도 없을 때가 많고, 또 오랫동안 기다린 사람들의 섭섭한 눈길과 마주치면 비로소 아차 싶을 때가 많았습니다.

'아, 내가 또 지나치게 열을 냈구나!'

그 당시에 나는 이 사역을 바라보는 균형 감각이 부족했기 때문에 한 사람을 붙잡고 끝을 보자는 식으로 기도했습니다. 기도하다보면 나도 모르게 "반드시 낫습니다"라는 믿음으로, 한 번 해서 안 되면 두 번 하고 두 번 해서 안 되면 세 번 하고 나을 때까지 기도합니다.

하나님의 권능은 믿음으로 임한다

고백하건대, 치유사역 초반에는 안수(按手)하지 않아도 사람이 치유되리라는 믿음이 내게 없었습니다. 어떤 사람이든 직접 손을 얹고 기도해야 된다고 생각했습니다. 그러니까 내가 넘어야 할 첫 번째 믿음의 장벽은 직접 안수하지 않으면 치유의 역사가 일어나지 않는다는 잘못된 생각이었습니다.

그 후 믿음의 분량이 자라 성경 말씀과 성령의 나타나심과 역사에 대한 새로운 깨달음을 얻으면서 나에게도 그 다음 단계로 도약하는 길이 열렸는데, 그것은 내가 직접 다른 사람에게 손을 얹어 기도하지 않아도 치유된다는 것이었습니다.

> 예수께서 함께 가실새 이에 그 집이 멀지 아니하여 백부장이 벗들을 보내어 이르되 주여 수고하시지 마옵소서 내 집에 들어오심을 나는 감당하지 못하겠나이다 그러므로 내가 주께 나아가기도 감당하지 못할 줄을 알았나이다 말씀만 하사 내 하인을 낫게 하소서 나도 남의 수하에 든 사람이요 내 아래에도 병사가 있으니 이더러 가라 하면 가고 저더러 오라 하면 오고 내 종더러 이것을 하라 하면 하나이다 예수께서 들으시고 그를 놀랍게 여겨 돌이키사 따르는 무리에게 이르시되 내가 너희에게 이르노니 이스라엘 중에서도 이만한 믿음은 만나보지 못하였노라 하시더라 보내었던 사람들이 집으로 돌아가 보매 종이 이미 나아 있었더라 눅 7:6-10

백부장은 자신의 종을 위해 예수님이 친히 오시지 않더라도 말씀만 하시면 종이 치유될 것을 믿었습니다. 즉, 시공간을 초월하여 예수님의 능력이 임할 것을 믿은 것입니다. 이 말씀을 통해서 나는 하나님의 영광과 권능은 직접적인 신체 접촉 없이도 믿음을 통해 흐른다는 것을 새롭게 깨달았습니다.

과거에 나는 사람들에게 손을 얹어 기도할 때 하나님의 권능이 임하고, 그가 눈물을 흘리고 쓰러지고, 악한 영이 떠나가는 것을 체험했습니다. 그런데 '혈루증 여인의 믿음'과 '백부장의 믿음'을 취하자 내가 믿음으로 예수 그리스도의 이름으로 기도할 때 기름부으심이 흘러간다는 것을 알았습니다. 어떤 사람과 신체적 접촉이 없더라도, 그 자리에 그 사람에게 성령님이 임하고 하나님의 권능이 임한다는 사실을 알게 된 것입니다. 어느 때는 멀리 있는 사람을 향해 손을 들기만 해도 그가 하나님의 영광의 임재 안에 들어가는 것을 목도합니다. 더 나아가 현장에 없는 사람을 믿음으로 중보할 때도 동일한 역사가 일어나는 것을 체험했습니다. 중요한 것은 영원히 현존하시는 하나님의 존재와 하나님의 무소부재하심과 전지전능하심에 대한 믿음이지 사람의 신체적 접촉이나 특별한 행위가 아닙니다.

비밀은 하나님의 믿음이다

어느 순간부터인가, 내가 감동 받은 것을 전하는 것이 전부가 아니라 영광의 임재 가운데 하나님이 말씀하시고자 하는 것, 하나님이 말겨주신 말씀을 나를 통해 선포하시는 것, 그렇게 선포되는 말씀 가운데 주님께서 역사하신다는 사실을 깨달았습니다. 성경구절로 성도들을 감동시키거나 이해시키는 것이 아니라 하나님의 말씀을 선포하는 것입니다. 성도들을 회개케 하고 깨닫게 하고 변화시키는 것은 바로 성령 하나님이십니다.

> 내 말과 내 전도함이 설득력 있는 지혜의 말로 하지 아니하고 다만 성령의 나타나심과 능력으로 하여 너희 믿음이 사람의 지혜에 있지 아니하고 다만 하나님의 능력에 있게 하려 하였노라
>
> 고전 2:4,5

설교할 때 하나님 영광이 임재하게 되면 선포되는 그리스도의 말씀에 대한 나의 믿음이 하나님의 믿음으로 변하는 것을 느끼게 됩니다. 사람들이 이 비밀에 대해서 잘 알지 못하는 것 같습니다. 기사와 표적은 인간의 믿음으로는 결코 일어날 수 없습니다. 인간이 가질 수 있는 것은 단지 신념이지 하나님이 말씀하시는 믿음이 될 수는 없습니다. '신념'은 하나님이나 하나님의 말씀에 대한 자신의 생각을 신뢰하는 것이고 스스로 그것을 의지적으로 붙들려고 하는 노력이나 의식에 불과한 것입니다.

반면에 '하나님의 믿음'(faith of God)은 그분이 나의 심령 안에 계셔서 나를 온전히 사로잡을 때 가질 수 있는 그분의 믿음입니다. 성령님

은 우리에게 임하셔서 우리의 믿음을 하나님의 믿음으로 변화시켜주십니다. 그것을 어떻게 알 수 있습니까? 그것은 평상시 나의 마음과는 달리 실패에 대한 두려움이 사라지고 놀랍도록 담대해지며, 그 말씀이 이미 이루어졌다는 믿음이 생겨남으로, 나의 말이 아니라 주님의 말씀이 선포된다는 것이 느껴짐으로 알 수 있습니다.

> 예수께서 그들에게 대답하여 이르시되 하나님을 믿으라(have faith in God or have faith of God) 막 11:22

> 그러므로 내가 너희에게 말하노니 무엇이든지 기도하고 구하는 것은 받은 줄로 믿으라 그리하면 너희에게 그대로 되리라 막 11:24

따라서 하나님의 뜻이 하늘에서 이미 이루어졌다는 사실이 나에게 믿어짐으로 나는 약속하신 그 말씀의 실체를 이 땅에 나타내기 위해서 선포하고, 그것에 대한 실체를 확증해보기를 원하게 됩니다.

> 나라가 임하시오며 뜻이 하늘에서 이루어진 것같이 땅에서도 이루어지이다 마 6:10

예를 들어, 내가 요한복음 4장 13,14절 말씀에 기초하여 어떤 환자에게 "예수님의 이름으로 깨끗케 될지어다"라고 선포했을 때 그에게서 내가 선포한 말씀에 대한 실체를 보기를 원한다는 것입니다.

> 너희가 내 이름으로 무엇을 구하든지 내가 행하리니 이는 아버지로 하여금 아들로 말미암아 영광을 받으시게 하려 함이라 내 이름으로 무엇이든지 내게 구하면 내가 행하리라 요 14:13,14

그럴 때 가장 놀랍고 신비스러운 사실은 내가 경험할 때 성령님께서는 그 곳에 참석한 성도들에게도 동일하게 임하셔서 역사하신다는 것입니다. 그 결과로 선포된 말씀을 들을 때 그 말씀에 대한 자신의 신념 대신에 하나님의 믿음을 가지게 되고, 믿음에 대해서 행동으로 반응하게 된다는 것입니다. 놀라운 하나님의 역사입니다!

그리하여 나는 집회에서 주의 말씀을 선포한 뒤 참석한 성도들에게 선포된 말씀에 대해서 행동함으로 자신의 믿음을 시험하도록 요청합니다. 그럴 때 자신의 머리로 이해하는 것이 아니라 성령 안에서 믿음으로 반응하는 수많은 사람들이 하나님의 임재나 방문을 경험하게 되고 자신의 영혼육이 치유되는 것을 체험하게 됩니다. 할렐루야!

그러나 이 비밀을 제대로 알지 못하거나 자신의 문제에만 사로잡혀 있는 사람들은 말씀은 들었지만 믿음에 따른 행동을 하지 못하게 됩니다. 자아의 사고체계를 깨지 못하는 것이지요. 또한 성령의 임재를 경험하지 못한 사람은 자신의 의지로 말씀에 반응하려고 애를 쓰는 것을 보게 됩니다.

> 너희는 말씀을 행하는 자가 되고 듣기만 하여 자신을 속이는 자가 되지 말라 약 1:22

성경의 기사와 표적의 말씀을 다시 한번 묵상해보십시오. 예수님이나 그 제자들의 사역은 말씀하신 것에 대하여 믿는다면 행동으로 반응하라고 하셨습니다. "네 손을 내밀라, 일어나 걸어가라, 오라, 잡아 일으키니" 등등 그것이 바로 믿음입니다.

정말이지 우리는 한 걸음 더 나가야 합니다. 행동으로 자신의 믿음을 보일 때, 그때 성령 안에서 그 믿음이 '하나님의 믿음'으로 변화되고 말씀에 따른 실체가 자신에게 이루어집니다. 이것이 그리스도의 말씀과 믿음에 따른 기적의 비밀입니다.

> 우리 조상 아브라함이 그 아들 이삭을 제단에 바칠 때에 행함으로 의롭다 하심을 받은 것이 아니냐 네가 보거니와 믿음이 그의 행함과 함께 일하고 행함으로 믿음이 온전하게 되었느니라 약 2:21,22

14
하나님이 치유하신다는 믿음과 그 위로하심

하나님의 주권적인 치유하심과 그 결과

나의 간절한 소망은 내가 기도한 모든 사람들이 치유를 받는 것이지만, 사실 지금까지 내가 기도해서 치유한 사람보다 기도해서 치유하지 못한 사람이 훨씬 더 많습니다. 집회에 따라 치유의 역사 또한 크게 다릅니다.

그러나 분명한 것은, 내가 믿는 것은 현실(現實)이나 이성(理性)이 아니라 '주님의 말씀'이라는 사실입니다. 사람들은 의아하게 생각할지 모릅니다. 예를 들어 중증(重症)의 환자가 내 앞에 있다면 나는 주의 말씀을 믿음으로 기도하지 내 이성과 경험 또는 과학적 지식으로 기도하지 않습니다. 예수님은 우리에게 무슨 질병이라도 다 치유하신다고 말씀하셨습니다. 나는 그것을 믿습니다. 하지만 실제 그 결과는 그렇지 않을 때가 많습니다. 나는 여기에 우리 신앙의 비밀이 있다고 생각합니다.

내가 불가능하다 싶은 일을 위해 기도할 때 가장 마음을 졸이는 사람이 바로 우리 스태프들입니다. '저렇게 큰소리치고 기도했는데 아무 일도 일어나지 않으면 어떡하나' 생각합니다. 그렇지만 나는 주(主)의 말씀을 믿지 상황을 보지 않습니다. 상황을 볼 때 우리는 주의 말씀을 자신의 경험과 이성 수준으로 낮추어 생각할 수밖에 없습니다. 이런 인간적인 믿음이 바로 오늘날 기사와 표적을 부인하는 결과를 낳았습니다.

기도하는 사람뿐 아니라 기도를 받는 사람도 마찬가지입니다. 많은 경우 오랫동안 고통에 시달려 왔기 때문에 자신의 문제에 매여 하나님의 임재를 받아들이기보다는 자신의 육체만을 붙들고 있거나, 자신의 의지적인 노력으로 말씀을 붙들려고 애쓰게 됩니다. 기도하는 자와 동일한 믿음을 가지지 못하고 성령 안에서 한 마음이 되지 않을 때는 아무리 기도해도 아무 일도 일어나지 않게 됩니다.

한편, 내가 선포하고 기도했고, 기도를 받는 당신도 믿음으로 화답했지만 아무런 변화나 치유가 일어나지 않았다면, 그때 당신의 마음은 어떻습니까? 손 장로가 사람을 속인다고 생각하십니까? 하나님이 당신을 사랑하지 않으신다고 생각하십니까? 집회가 엉터리라고 생각하십니까? 자신에게 믿음이 없다고 자책하십니까? 하지만 어느 것도 옳지 않습니다.

우리가 아무리 믿음으로 기도하더라도 지금 치유를 받을지 치유 받지 못할지 내가 결정할 수는 없습니다. 왜냐하면 그것은 하나님의 절대 주권이기 때문입니다.

치유기도, 언제까지 할까?

우리가 정말 믿어야 할 것은 자신의 경험이나 이성이 아니라 주 안에서 그분의 말씀뿐입니다. 말씀이 그렇다면 그런 것입니다. 그러나 그 나타난 결과에 대해서는 오직 주님께 맡겨야 합니다. 그것이 바로 믿음입니다.

우리는 기도해보아야 합니다. 개중에는 정말 믿음이 없는 사람이 있을 수 있고 또 진실한 믿음을 가진 사람도 있습니다. 집회에 그냥 온 사람도 있지만 간절히 기도하고 하나님의 말씀을 붙잡은 사람도 있습니다.

'이토록 하나님을 섬겼건만 하나님은 왜 나를 치유해주시지 않는가?'

이런 신앙 공식적인 믿음을 갖지 마십시오. 사도 바울을 생각해보십시오. 그가 수많은 사람들을 고쳤어도 자신의 질병은 치유하지 못했다고 해서 그에게 '당신이 치유사역자라면 자신의 병부터 먼저 고치라'고 하겠습니까? 우리는 바울을 통해 치유의 능력은 분명 자신의 것이 아니라는 것을 알게 됩니다. 우리는 그가 하나님의 말씀대로 치유했지 현실에 기초하여 기도하지 않았다는 것을 알게 됩니다. 바울도 자신의 질병을 치유받기 위해 하나님께 계속 기도했음을 알 수 있습니다.

하지만 가장 중요한 것은 그가 계속 기도했다는 데 있는 것이 아니라 그가 하나님의 음성을 들었다는 사실입니다. 우리는 이 사실을 간과하고 있습니다. 간절하게 몇 차례 기도하거나 치유사역자들을 찾아다니며 기도했는데도 치유되지 않았다고 해서 자신의 질병이 무턱대고 사도 바울에게 주신 육체에 가시 같다고 여기는 사람들도 있습니다. 그러나 그렇게 말하기 전에 자신의 질병 치유에 대해 하나님께 분명한 응답을 받았는지 먼저 묻고 싶습니다. 그렇지 않다면 계속 기도하십시오.

흔히 언제까지 기도해야 하느냐는 질문을 받으면, 나는 줄곧 "나을 때까지"라고 답했습니다. 그런데 이제부터는 "하나님으로부터 구체적인 답을 받을 때까지" 기도하라고 하겠습니다. 만일 그렇지 못할 경우, 그러니까 질병 치유에 대한 하나님의 마음을 받지 못했다면 죽을 때까지 기도해야 한다고 답하겠습니다. 그 믿음으로 살 때 우리는 평생 하나님의 보호하심과 사랑 가운데 거하게 되고 그 질병으로부터 자유함을 얻게 될 것입니다.

내 상황이나 현실과 상관없이 주(主)의 말씀을 말씀대로 믿는 믿음, 그것이 하나님과의 온전한 관계입니다. 우리의 삶은 이 땅의 삶만이 전부가 아닙니다. 만약 그렇게 생각한다면 우리는 가장 불쌍한 사람일 것입니다.

> 만일 그리스도 안에서 우리가 바라는 것이 다만 이 세상의 삶뿐이면 모든 사람 가운데 우리가 더욱 불쌍한 자이리라 고전 15:19

우리에게는 영생(永生)이 있습니다. 영원한 생명을 얻을 뿐만 아니라 몸도 부활하기 때문입니다. 우리에게는 주님이 주시는 상급이 있습니다. 우리는 이 믿음으로 앞으로 받을 상급과 하나님나라를 기대해야 합니다.

말씀 치유

최근에 나는 더 놀라운 경험을 하고 있습니다. 마치 새로운 영역으로 들어간 것 같습니다. 과거에 나는 치유에 대한 말씀을 전한 뒤 한 사람씩 안수하여 기도했습니다. 그 다음에는 믿음에 대한 말씀을 전하고 다같이 기도하게 했습니다. 기도한 후에 나는 질병과 병마에 대해서 꾸짖고 사라질 것을 명령했습니다. 그러나 최근 들어서는 하나님나라 또는 질병 치유와 믿음에 대한 말씀을 선포한 후 곧바로 치유된 사람들을 초청하는 경우도 많습니다.

성령사역을 하며 직면하게 되는 비난이나 판단의 내용들을 보면서 나는 기도사역 없이 단지 말씀사역만 한다면 어느 누구도 이 집회를 책잡지 않을 것 같다는 생각을 했습니다.

그래서 나는 계속해서 기도하고 있습니다. 말씀에 기름을 부어주시고 말씀에 하나님의 권능이 나타나게 해달라고, 특별한 기도사역이 없더라도 말씀을 전할 때 사람들이 치유되는 역사가 일어나게 해달라고, 말씀을 전하기만 해도 간증이 풍성한 집회 시간이 되게 해달라고 기도합니다. 말씀은 성경에 대한 지식과 정보를 전달하는 수단이 아닙니다. 말씀은 그리스도의 말씀이고 하나님의 능력입니다. 나는 이것을 절대적으로 믿습니다.

> 하나님의 말씀은 살아 있고 활력이 있어 좌우에 날선 어떤 검보다도 예리하여 혼과 영과 및 관절과 골수를 찔러 쪼개기까지 하며 또 마음의 생각과 뜻을 판단하나니 히 4:12

지금 그 일들이 일어나고 있습니다. 이제 나는 말씀을 선포하고 나서 심신이 치유되거나 악한 영들이 떠나간 것을 느낀 사람들이 나아와 간증하도록 초청합니다.

놀랍게도 많은 분들이 말씀을 듣다가 환부가 뜨거워지거나 온 몸이 뜨거워지고, 말할 수 없는 하나님의 사랑과 평안을 느끼고, 내적으로 강한 믿음이 올라오는 등 그로 인한 치유를 경험하게 되었다고 고백하는 일들이 일어나고 있습니다.

하나님 사랑의 도구가 되기 위한 죽어짐

그러나 한 가지 고백하자면, 예수님께서 자기 목숨을 내어주신 것과 같은 사랑으로 그 분들을 바라보지 못했던 것 같습니다. 예수님이 우리를 품어주신 것과 같은 사랑이 나에게 없다는 것이 너무 괴롭기도 합니다.

> 무리를 보시고 불쌍히 여기시니 이는 그들이 목자 없는 양과 같이 고생하며 기진함이라 마 9:36

> 나는 선한 목자라 선한 목자는 양들을 위하여 목숨을 버리거니와 요 10:11

하나님의 사랑은 거칠 것이 없습니다. 하나님의 사랑은 못 품을 것이 없습니다. 하나님의 사랑은 어디서나 자유합니다. 하나님의 사랑은 부정적인 감정도, 잘못된 생각도, 포악한 의지도 녹여냅니다. 하나님의 사랑은 어떤 공간에서도 하나님의 임재를 체험케 하는 '거룩'입니다.

그러기에 나는 죽어야 합니다. 그 사랑이 나를 사로잡도록, 그리고 내가 그 사랑의 통로가 되도록, 그 통로를 통해 하나님 자신이 나타나시도록, 그 크신 사랑에 내가 타들어가기를 원합니다. 마치 나병환자에게서 신체 일부가 떨어져나가는 것처럼 내 생각도, 감정도, 의지도, 숨어 있던 욕망도 소멸되며 하나님의 사랑이 그것을 덮어야 합니다. 나의 온 몸이 하나님 사랑의 도구가 되기를 소망합니다.

오직 하나님의 사랑입니다. 그것은 눈에 보이지 않습니다. 그것은 뭐라고 말할 수 없습니다. 그것은 오직 믿음으로 취할 수 있습니다. 성령님, 오직 그분이 나를 완전히 사로잡아야 가능합니다. 이를 위하여 내가 죽기를 원하는 것입니다.

> 우리 살아 있는 자가 항상 예수를 위하여 죽음에 넘겨짐은 예수의 생명이 또한 우리 죽을 육체에 나타나게 하려 함이라 그런즉 사망은 우리 안에서 역사하고 생명은 너희 안에서 역사하느니라
>
> 고후 4:11,12

성령의 기름부으심과 치유

많은 목사님들은 대개 치유를 위한 선포기도를 잘 하지 않습니다. 성도가 아플 때 정말 간절히 기도합니다. 그러나 대개 간구기도에 그치는 경우가 많습니다. 치유에 대한 믿음이나 체험이 적기 때문이 아닌가 생각됩니다. 내가 많은 목회자 분들을 보면서 정말 안타까운 것은 그 분들에게 성령의 임재와 순종이 있는데도 그것을 흘려보내지 못하고 있다는 사실입니다. 아마 보수적 신학과 전통, 목회자라는 신분 때문에 실패에 대해 느끼는 부담감 때문이 아닌가 여겨집니다.

하나님께서는 지금도 이 땅에서 주(主)의 뜻을 이루는 사람을 찾고 계십니다. 그렇다면 하나님이 이 세상에서 목사님만큼 쓰고 싶어 하는 분이 어디 또 있겠습니까? 목회자만큼 성도를 사랑하고 하나님을 섬기기를 원하는 분이 또 누가 있겠습니까? 하나님께서는 목회자에게

기름부어주시기를 원하고, 그들을 통해 하나님나라를 이루기 원하십니다. 그러기 위해서 목회자 역시 훈련의 시간이 필요합니다. 하나님과 독대하며 자신의 사고체계를 바꾸는 시간이 필요합니다.

간혹 나를 찾아와 이런 말씀을 하는 목사님도 있습니다.

"나는 신학을 했고, 성경을 당신보다 더 잘 압니다. 그런데 나는 선포했지만 아무 일도 일어나지 않은 반면 당신에게는 놀라운 일들이 일어났습니다. 그러면 그것이 무슨 차이이겠습니까? 바로 기름부으심의 차이가 아니겠습니까?"

이런 분들은 이미 준비된 분들입니다. 이런 분들을 위해 기도하면 즉시 방언이 터지고 기름부으심이 임합니다. 그러면 그분들이 교회로 돌아가 동일하게 성도들에게 사역하게 됩니다.

또 교회에서 집회를 마치고 나면 그 교회 목사님이 나를 잠깐만 따로 만났으면 좋겠다는 말을 많이 듣습니다. 목사님 방으로 들어가면 자신을 위해서 기도해달라고 부탁합니다. 왜 그렇습니까? 대부분 요지는 이렇습니다. "세상에서 좋다는 온갖 프로그램과 모든 방법을 다 동원해봐도 이제 한계에 도달한 것 같습니다. 저 자신이 너무 지쳤고, 더 이상 나아갈 길이 없습니다. 내가 아니라 하나님이 하시는 것을 보기를 원합니다."

정말이지 이것이 오늘날 우리 교회의 자화상이 아닐까요? 마치 사사기 시대로 돌아간 것 같습니다. 마이클 호튼의 책 《그리스도 없는 기독교》가 현실을 대변하는 것처럼 느껴집니다. 물밀듯이 밀려오는 세속주의, 물질만능주의, 개인쾌락주의에 교회가 어찌할 바를 모르고 있습니다.

> 그 때에 이스라엘에 왕이 없으므로 사람이 각기 자기의 소견에
> 옳은 대로 행하였더라 삿 21:25

따라서 이제는 정말 인간이 하는 사역이나 조직이나 프로그램으로 돌아가는 사역이 아니라 하나님께서 친히 하시는 사역으로 돌이켜야 하며, 그것이 바로 기름부으심임을 깨달아야 합니다. 월요말씀치유집회에도 매번 많은 목사님들과 선교사님들이 참석하시고 기름부으심을 갈급해하고 있습니다.

한편, 이 사회는 어떻습니까? 자살률, 낙태율, 이혼율, 술 소비량, 출산율 저하 등은 OECD 국가 중에서 최상위를 차지하고 있습니다.

> 여호와께서 사람의 죄악이 세상에 가득함과 그의 마음으로 생각
> 하는 모든 계획이 항상 악할 뿐임을 보시고 땅 위에 사람 지으셨
> 음을 한탄하사 마음에 근심하시고 창 6:5,6

그럼에도 불구하고 이런 세상을 바꿀 수 있는 유일한 대안은 누가 뭐래도 교회입니다. 교회가 다시 살아나야 합니다. 그리고 교회를 사랑해야 합니다. 교회를 비난하는 자는 하나님을 비난하는 것과 마찬

가지입니다. 인간이 부패한 것이지 교회는 그리스도의 몸이며 음부의 권세가 이기지 못할 것이기 때문입니다. 저는 집회 때마다 교회에 하나님의 영광이, 목회자에게 갑절의 기름부으심이 임하도록 기도합니다. HTM의 비전은 목회자와 교회를 섬기는 것으로, 앞으로 모든 교회가 성령사역을 할 수 있도록 섬기고자 합니다.

이 비전을 위하여 저는 그동안 모든 지역 연합집회에서 반드시 목회자 및 사모 세미나를 행했으며, 이 비전을 함께 나누었고, 기름부으심을 위해 기도했습니다.

교회에 덕을 끼치는 올바른 성령사역

처음 치유집회를 시작하려고 할 당시 나는 담임목사님을 찾아뵙고 교회의 감독 아래 사역할 수 있도록 도움을 요청했습니다. 당시 목사님이 그 일을 허락해주셨고 예상되는 여러 가지 우려에 대해서도 보호해주셨습니다. 1999년부터 2007년까지 이 사역은 교회 안에서 교회의 감독 아래 진행되었습니다. 사역의 규모가 커짐과 동시에 하나님의 인도하심으로 별도의 단체가 꾸려져 오늘날 HTM 사역에 이르기까지 교회는 이 사역의 출발이자 그 배경이었습니다.

내가 HTM 사역의 일환으로 치유사역자스쿨 등 여러 사역자 스쿨을 기획했던 것도 하나님께서 내게 부어주신 것을 더 많은 사람과 나누어 교회에 덕(德)을 끼치기 위함이었습니다. 그러나 우리 가운데는 다양한 상황이 존재합니다. 하나님으로부터 은사를 받았다고 하나 그

신앙과 인격이 교회로부터, 그리고 그의 삶 가운데 검증되지 않은 자로서 은사를 잘못 사용하는 사람이 있는가 하면, 성령사역을 빙자하여 자기 유익을 취하는 잘못된 은사자와 사역이 존재합니다. 또 성령사역에 대한 충분한 이해 없이 교회 내에서 일어날 수 있는 여러 가지 부작용만을 우려한 나머지 은사나 사역을 배척하는 교회도 있을 수 있습니다.

은사를 받았지만 잘못 사용하는 성도 개인의 잘못도 적지 않지만, 더 큰 문제는 교회 안에서 은사를 받은 사람들을 제대로 가르치고 양육하여 교회에 덕이 되도록 쓰임 받을 수 있게 사람을 세우는 시스템이나 멘토가 없다는 것입니다.

오늘날 교회는 성령님께서 각자에게 나누어주시는 각양 좋은 은사를 오히려 장려해야 하며 적극적으로 분별해야 합니다. 그리고 반드시 교회의 감독 하에 교회 안에서 교회에 덕을 끼치도록 그 은사가 온전히 사용되도록 해야 합니다. 그렇지 못한 교회가 있다면 먼저 그것을 가르치고 양육할 수 있는 단체나 교회에 리더들을 보내어 훈련받도록 해야 합니다. 그런 의미에서 나는 이 HTM의 사역을 통해 사람을 변화시키고 교회에 덕(德)을 끼치는 치유사역의 모델을 만들고 싶습니다.

집회에 참석하는 사람은 대개 육신의 질병을 치유받고자 하는 간절한 기도의 제목을 가진 분들입니다. 하나님나라 복음에 대한 갈급함으로 또 책이나 동영상을 보고 오거나 이 집회를 통해 성령의 임재와 말씀의 권능을 체험하고 은혜를 받은 분들의 적극적인 권유로 집회에 참석하게 되는 분들도 많습니다.

  그러나 치유집회라는 특성상 이 집회에 오기를 망설이거나 반신반의하거나 의심의 눈초리를 거두지 않는 분도 많습니다. 개교회에서도 이 모임을 제대로 평가하기보다 무조건 집회 참석을 만류하거나 막연히 신비주의에 빠지기 쉽다는 식으로 반대하는 경우가 있다는 것을 들어서 잘 알고 있습니다. 그러나 HTM의 월요말씀치유집회는 비밀장소에서 비공개로 진행되는 집회가 아니며 모든 사람에게 열려 있습니다. 누구나 와서 집회에 참석할 수 있고 검증해볼 수 있습니다.

교회를 섬기라! 동역하라!

  하나님이 주신 하나님나라에 대한 비전을 품고 예수님이나 제자들처럼 하나님나라 복음을 선포할 때 나는 매우 귀중한 깨달음을 얻게 되었습니다. 그것은 우리 주님께서 이 세상을 하나님나라로 만들기 위해 우리에게 '교회'를 주셨다는 것입니다. 교회를 통해서 이 세상을 하나님나라로 만들기 원하셨다는 것입니다.

> 또 내가 네게 이르노니 너는 베드로라 내가 이 반석 위에 내 교회를 세우리니 음부의 권세가 이기지 못하리라 내가 천국 열쇠를 네게 주리니 네가 땅에서 무엇이든지 매면 하늘에서도 매일 것이요 네가 땅에서 무엇이든지 풀면 하늘에서도 풀리리라 하시고
> 마 16:18,19

HTM은 성령님을 통하여 오늘도 살아 계신 예수 그리스도를 만나게 하고, 예수 그리스도를 통하여 하나님과 교제하는 것이 무엇이며, 율법과 은혜의 삶의 차이가 무엇인지, 예수님이 주신 새 언약의 말씀과 성령께서 어떻게 함께 우리를 가르치시는지 알리려 합니다. 예수님께서 2천 년 전에 행하신 일들이 오늘 우리에게 일어나고 있으며, 그분의 권세와 능력으로 이 땅을 하나님나라로 만들어야 한다는 것을 알리고 증거하는 증인의 삶이 무엇인지 보여주고자 합니다.

그 일을 위해서 킹덤 멘털리티(kingdom mentality)를 가진 킹덤빌더(kingdom builder)를 훈련시키고자 합니다. 그리하여 그들이 각자 교회와 목회자를 위해 중보하고, 그 결과 자신의 교회에서도 하나님의 임재하심과 놀라운 기사와 표적이 일어나도록 하는 것입니다. 교회의 부흥은 교회 내에서 그것을 경험한 킹덤빌더가 교회 밖으로 뛰쳐나가 각자의 삶터에서 승리할 때 그 결과로 이루어집니다.

따라서 교회에 필요하지만 아직까지 교회가 전부 감당하기 어려운 사역을 맡아 수행하여 성도와 교회를 도우며, 결국 온 교회에 이러한 일들이 일어나기까지 도우려는 것입니다. HTM의 비전은 하나님나라의 복음을 선포하는 것이며, 성도들을 훈련시켜 하나님나라 삶의 실제를 보여주는 것입니다.

"당신이 바로 하나님나라를 세우는 킹덤빌더입니다. 당신이 기도하여 당신의 가정과 직장과 교회에 하나님의 불을 옮기는 자가 되십시오."

실제로 나는 이 집회에서 하나님의 영광의 임재를 구하고 그것을 경험하게 되면 각자 교회로 돌아가 교회와 목회자를 위해 중보하는 자, 섬기는 자가 되라고 강조합니다. 또 은사를 받았다고 해서 함부로 드러내지 말고 절제할 것을 가르칩니다. 하나님이 주신 모든 은사와 기름부으심은 교회 리더십의 감독 하에 교회에 덕을 끼치도록 사용되어야 하기 때문입니다. 만일 교회에서 아직까지 이런 은사를 받아들이지 않는다면 이에 순종하여 교회의 질서와 하나 됨에 방해가 되지 않도록 잠잠하라고 가르칩니다.

> 내가 사람의 방언과 천사의 말을 할지라도 사랑이 없으면 소리 나는 구리와 울리는 꽹과리가 되고 내가 예언하는 능력이 있어 모든 비밀과 모든 지식을 알고 또 산을 옮길 만한 모든 믿음이 있을지라도 사랑이 없으면 내가 아무것도 아니요 내가 내게 있는 모든 것으로 구제하고 또 내 몸을 불사르게 내줄지라도 사랑이 없으면 내게 아무 유익이 없느니라 고전 13:1-3

> 모든 것을 품위 있게 하고 질서 있게 하라 고전 14:40

15
예수님의 마음을 품을 때
기름부으심이 넘친다

예수님의 마음을 가졌는가?

인생을 사는 것이 항상 녹록한 것만은 아닙니다. 사실, 우리 인생에 예수님이 계시지 않는다면 우리 인생은 수고하고 고단한 삶의 연속입니다. 이것은 매주 월요말씀치유집회에 참석하는 분들만 살펴보아도 금방 알 수 있습니다. 육신과 마음에 큰 병이 들어 눈물로 치유를 구하는 분들, 가정의 어려움, 물질의 어려움, 관계의 어려움으로 눈물로 주님 앞에 호소하는 영혼들, 그야말로 수고했지만 무거운 짐을 진 자들입니다.

그러나 많은 경우 우리 삶에 닥친 문제로 인한 고통보다 그 일로 인한 내 마음의 묶임이 훨씬 더 어렵고 고통스럽다는 것을 경험하곤 합니다. 그래서 어떤 사람은 그 앞에 놓인 문제가 몹시 크고 어려운 일임에도 불구하고 전혀 수고롭지 않다는 듯 의연하게 넘어가는가 하면, 또 어떤 사람은 아주 작은 일에도 당장 그 일을 해결하지 않으면 무슨 일이 날 것처럼 어려워하고 고통스러워합니다.

아무튼 우리는 예수님을 찾고 그분으로부터 뭔가를 배우고 얻기를 원합니다. 예수님에게서 지혜도 배우기 원하고 지식도 배우기 원합니다. 치유를 구하고 기름부으심과 은사를 구합니다. 그러나 한 가지 정말 중요한 것을 놓치는 경우가 많습니다. 그것은 그분 자체가 답이라는 사실입니다.

먼저 잘 알고 있는 갈라디아서 2장 20절을 생각해봅시다.

> 내가 그리스도와 함께 십자가에 못 박혔나니 그런즉 이제는 내가 사는 것이 아니요 오직 내 안에 그리스도께서 사시는 것이라 이제 내가 육체 가운데 사는 것은 나를 사랑하사 나를 위하여 자기 자신을 버리신 하나님의 아들을 믿는 믿음 안에서 사는 것이라 갈 2:20

우리는 그분으로부터 무엇인가를 배우기 전에 내가 그리스도와 함께 십자가에 못 박혔고, 이제는 내가 사는 것이 아니라 내 안에 그리스도께서 살고 계신다는 것을 깨달아야 합니다. 그것을 체험할 때 내가 단지 예수를 믿었기 때문에 구원을 받은 것이 아니라 그분이 내 안에 계시기 때문에 내가 구원을 받고 영생을 얻은 것을 알게 됩니다.

결국, 그분이 우리에게 믿음을 주시는 분이 아니시고 그분 자체가 믿음이십니다. 또한 그분이 길과 진리와 생명에 대해 나누어주거나 가르쳐주는 것이 아니라 그분이 바로 길이요 진리요 생명이라는 사실을 알게 됩니다.

> 예수께서 이르시되 내가 곧 길이요 진리요 생명이니 나로 말미암지 않고는 아버지께로 올 자가 없느니라 요 14:6

이제 우리의 마음이 아니라 예수님의 마음이 되도록 해야 합니다. 예수님의 마음을 가질 때라야 비로소 그리스도와 함께하는, 혹은 그리스도가 나타나는 삶을 살 수 있기 때문입니다.

먼저 그분의 마음을 붙들어라

예수님의 말씀이 우리 삶 속에서 이뤄지기 위해서는 그 말씀을 붙드는 것만으로는 부족합니다. 예수님의 마음이 우리 안에 없으면 예수님의 성품이 우리에게서 나타나지 않을 뿐 아니라 예수님이 행하신 기적과 기사도 결코 나타날 수 없습니다. 생각해보십시오. 예수님의 마음이 이 세상에 표출된 것이 바로 말씀입니다. 따라서 그 말씀이 이뤄지기 위해서는 내가 말씀을 붙드는 것이 아니라 먼저 예수님의 마음으로 들어가 그 말씀으로 세상을 품고 보아야 할 것입니다.

> 너희가 내 안에 거하고 내 말이 너희 안에 거하면 무엇이든지 원하는 대로 구하라 그리하면 이루리라 요 15:7

그런데 많은 경우 예수님의 마음은 찾지 않고 그분의 능력의 말씀만 붙들려고 합니다. 그래서는 아무런 역사가 일어나지 않습니다. 먼저 예수님의 마음을 알아야 합니다. 온유하고 겸손하신 예수님의 마음을 배워야 합니다. 이때 육적인 배움과 영적인 배움이 다르다는 사실을 알아야 합니다. '육적인 배움'은 학교에서 수업을 받듯이 내가 이해하고 받아들이고 익히는 것입니다. 그러나 '영적인 배움'은 보혜사 성령님으로 우리 안에 계신 그리스도께서 나타나시는 것입니다.

> 볼지어다 내가 문 밖에 서서 두드리노니 누구든지 내 음성을 듣고 문을 열면 내가 그에게로 들어가 그와 더불어 먹고 그는 나와 더불어 먹으리라 계 3:20

> 너희는 하나님으로부터 나서 그리스도 예수 안에 있고 예수는 하나님으로부터 나와서 우리에게 지혜와 의로움과 거룩함과 구원함이 되셨으니 고전 1:30

내가 사역을 하면 할수록 깨닫는 것이 있습니다. 기사와 표적을 구하는 것보다 예수님의 마음이 나에게 임하도록 기도하는 것이 더 중요하다는 사실입니다. 이것은 치유를 구할 때에도 마찬가지입니다. 자신의 육체의 질병이 낫는 것보다 예수님의 마음이 임하도록 구하는 것이 더 중요합니다. 그것은 우리의 힘도 능도 아니고 오직 여호와의 신(神)이 우리에게 임할 때 가능한 것입니다.

그렇지만 나 역시 때때로 나에게 예수님의 마음인 온유와 겸손이 없다는 생각이 들면서 몹시 좌절할 때가 있습니다. 그래서 늘 예수님의 발 앞에 엎드려 주님의 마음을 배우게 해달라고 눈물로 기도하곤 합니다. 나 스스로 나를 낮추는 겸손이 아닌, 내 안에 계신 예수님의 마음이 나를 이끄는 진정한 겸손과 온유가 내 안에 있어 그 마음으로 주님이 맡기신 사명을 감당할 수 있기를 간절히 기도합니다.

온유와 겸손의 진짜 모습

'온유와 겸손'은 하나님과 온전히 함께할 때의 마음이며 예수님의 마음입니다. 아무 일도 없고 평온할 때는 우리에게 이 온유와 겸손이 있는지 없는지 알 수 없습니다.

그러나 갑자기 큰일이 닥치고 문제와 고난이 찾아올 때, 세상에서 내가 누리는 신분과 지위에 위기가 찾아올 때, 우리는 우리의 마음을 온통 세상에 빼앗기고 맙니다. 평상시 있는 것처럼 보였던 '온유와 겸손'은 온데간데없고 그 문제를 어떻게 해결할지에 온 생각과 마음을 집중합니다. 그렇다면 그 온유와 겸손은 가짜입니다.

진짜 온유하고 겸손한 마음은 그분의 마음이기 때문에 내게 어떤 문제가 닥쳐도 설령 누군가가 나를 욕하고 내 마음을 상하게 할지라도 요동이 없고 세상이 가질 수 없는 평안과 담대함이 임하게 됩니다.

> 이것을 너희에게 이르는 것은 너희로 내 안에서 평안을 누리게 하려 함이라 세상에서는 너희가 환난을 당하나 담대하라 내가 세상을 이기었노라 요 16:33

온유하고 겸손한 마음이란 나 스스로 나를 낮추는 것이 아니라 내 안의 예수님이 나타나시는 것입니다. 나 자신이 포기되고 그리스도께서 나타나시는 것입니다. 그렇게 될 때 우리 육신이 쉼을 얻게 됩니다. 바로 이것이 하나님의 생명으로 사는 삶입니다.

우리가 이런 삶을 살기 위해서는 늘 어린아이와 같은 마음으로 살아야 합니다. 내 앞에 어떤 문제가 닥치더라도 내가 그 문제를 해결하겠다는 생각을 버려야 합니다. 당신이 그런 마음을 가지는 순간 그 문제에 묶이게 되고, 악한 영은 그 통로를 통하여 당신을 지배하게 됩니다. 문제를 해결하는 것은 당신이 아니라 예수님이십니다.

어린아이를 생각해보십시오. 부모를 뒤 세우고 모든 것이 신기한 듯이 여기저기 보며 걸어갑니다. 그러다가 갑자기 개나 자전거가 나타나면 놀라서 곧바로 뒤돌아섭니다. 자신이 그 문제를 해결하려는 것이 아니라 일단 뒤돌아서 부모 품에 안긴 다음 그 품 안에서 문제를 다시 봅니다. 이 어린아이의 마음이 바로 우리가 예수님을 향해 품어야 할 마음입니다.

> 예수께서 그 어린 아이들을 불러 가까이 하시고 이르시되 어린 아이들이 내게 오는 것을 용납하고 금하지 말라 하나님의 나라가 이런 자의 것이니라 내가 진실로 너희에게 이르노니 누구든지 하나님의 나라를 어린 아이와 같이 받아들이지 않는 자는 결단코 거기 들어가지 못하리라 하시니라 눅 18:16,17

그분의 품 안에서 그분의 마음을 알고 그분의 능력으로 그분의 말씀이 이루어지도록 해야 합니다. 이것이 바로 오직 믿음으로 사는 의인의 삶입니다. 이것을 배울 때, 우리는 세상의 무거운 짐을 지고 수고하지 않게 됩니다. 그리고 이 세상에 속하지 않지만 이 세상에 영향력을 끼치는 헤븐리 로열 패밀리(heavenly royal family)가 됩니다.

> 거룩하게 하시는 이와 거룩하게 함을 입은 자들이 다 한 근원에서 난지라 그러므로 형제라 부르시기를 부끄러워하지 아니하시고 히 2:11

예수님의 이름으로

우리는 세상에 영향을 받는 존재가 아니라 세상을 변화시키는 존재입니다. 이것을 위해서는 손해도 각오해야 하고 세상의 손가락질을 받을 각오도 해야 합니다. 또 때로는 포기할 수도 있어야 합니다. 이것은 우리의 의지로 되지 않습니다. 우리가 예수님과 친밀한 관계를 맺고 우리에게 예수님의 마음이 임할 때, 즉 예수님의 겸손과 온유가 나타날 때라야 가능합니다.

예수님의 마음을 가진 자에게 맡기신 무기가 바로 예수님의 이름입니다. 왜냐하면 그 사람만이 예수님의 이름을 더럽히지 않고 하나님을 영화롭게 할 수 있기 때문입니다.

내 이름으로 무엇이든지 내게 구하면 내가 행하리라 요 14:14

이 말씀은 우리의 미래가 세상에 달려 있는 것이 아니라 우리의 믿음에 달려 있다는 말씀입니다. 할렐루야! 우리는 예수님의 이름으로 세상을 변화시키는 존재입니다. 다른 말로 하면, 내 믿음을 통하여 예수님이 통치하시는 세상으로 만들어나가는 존재입니다.

성령님! 당신을 기대합니다!
나를 통하여 나타나실 예수님의 영광을 기대합니다.
더 멋진 세상이 아니라 새로운 세상을 기대합니다.
여호와의 영광이 세상에 가득할 것을 기대합니다.
유다의 사자로 오실 예수님, 당신을 기대합니다.

에필로그

그를 의지하면 그가 이루시고!

진정한 자유를 누리는 삶

40대 초반, 인생의 하프타임을 가진 지 이제 십 수 년이 흘렀습니다. 이 책을 준비하고 또 마무리하면서 지난 삶을 되돌아보았을 때, 지금껏 하나님께서 끊임없이 가르쳐주신 것이 바로 '진정한 자유'와 '새로운 멍에'였다는 사실을 깨닫게 되었습니다. 나 중심적인 삶에 기초했던 소유와 탐욕과 염려와 불안, 내 신분과 지위에 근거한 자기 인식 그리고 세상의 방식과 전통에 묶여 있는 삶에서 진정한 자유를 누리게 하신 것입니다.

그러나 내가 예수님을 믿자마자 처음부터 이 자유를 누릴 수 있었던 것은 아닙니다. 매일 아침 성경책과 전공 논문을 앞에 놓고 '뭐부터 봐야 할까? 무엇으로 이 하루를 시작할까?' 늘 고민하다가 결국 논문으로 눈을 돌리던 지난 내 모습이 생생하게 기억납니다. 그러다 처음에는 주님이 약속하신 보상 때문에, 신앙이 조금씩 성숙해지면서부터는 세상 욕심으로 인하여 마귀에게 묶이지 않을까 하는 두려움 때문에, 그러다가 마침내 오직 주님에 대한 사랑 때문에 그런 속박에서 벗어나 진정한 자유를 누릴 수 있게 된 것이지요.

> 진리를 알지니 진리가 너희를 자유롭게 하리라 요 8:32

> 주는 영이시니 주의 영이 계신 곳에는 자유가 있느니라 고후 3:17

> 또 죽기를 무서워하므로 한평생 매여 종노릇 하는 모든 자들을 놓아주려 하심이니 히 2:15

주님의 멍에를 함께 메는 삶이 주는 자유와 은혜

정말이지 타락한 인생은 수고하여야 소산을 먹는 인생입니다(창 3:17). 우리는 더 편안하고 안락한 삶을 위해 더 많은 것을 갖기 위해 수고하고 애씁니다. 더 높은 신분, 더 많은 지식, 더 많은 재산과 권세. 그러나 그럴수록 우리의 집착은 더 커지고 짐은 더 무거워질 뿐입니다. 인생이 참으로 모순처럼 느껴집니다. 예수님은 바로 그런 삶을 사는 수고하고 무거운 짐 진 자들에게 아무 대가도 바라지 않으시고 초청의 손을 내미십니다.

> 수고하고 무거운 짐 진 자들아 다 내게로 오라 내가 너희를 쉬게
> 하리라 마 11:28

나 역시 예수님의 초청에 안도하며 힘들고 괴로울 때마다 단지 안식을 위하여 예수님을 휴식처와 도피처 삼아 그 품에 뛰어들곤 했습니다. 주님은 그런 나를 위로하실 뿐만 아니라 주님이 기꺼이 메신 멍에에 어떻게 동참하는지를, 참으로 온유하고 겸손하게 오랫동안 가르쳐주셨습니다. 나는 주님과의 친밀한 교제를 통해서 참 자유가 무엇인지 그리고 새로운 피조물로서 내가 멜 멍에가 무엇인지를 배우게 되었습니다.

> 나는 마음이 온유하고 겸손하니 나의 멍에를 메고 내게 배우라
> 그리하면 너희 마음이 쉼을 얻으리니 마 11:29

그리고 마침내 주님이 허락하신 그 멍에를 멨을 때, 그것이 바로 이 땅에서 누릴 수 있는 최고의 자유라는 사실을 깨달았습니다. 그 멍에 덕분에 때로 내가 내 뜻대로 앞서 갈 때에도, 힘들어서 뒤쳐질 때에도, 또 아무 생각 없이 좌우로 치우칠 때에도 안전할 수 있었던 거지요.

그리스도의 쉬운 멍에를 졌을 때 내 무거운 짐을 내려놓고 주님의 가벼운 짐을 지고 살아가는 삶이 된 것입니다. 수고하고 무거운 짐은 내 곁에 계시는 주님이 대신 지고 계심을 체험하게 되었습니다. 이것이 바로 은혜의 삶입니다.

> 이는 내 멍에는 쉽고 내 짐은 가벼움이라 하시니라 마 11:30

요한복음 21장에서 예수님을 잃어버린 제자들이 디베랴 호수에서 물고기를 잡는 장면이 떠오릅니다. 밤새도록 그물을 던졌으나 한 마리도 잡지 못했을 그때, 예수님이 그들을 찾아오셔서 "그물을 배 오른편에 던지라" 하셨고 그렇게 했더니 그물을 들 수 없을 정도로 많은 물고기를 잡게 되었습니다.

그물을 들어 물고기를 끌어올린 것은 제자들이지만, 실제로 물고기를 잡은 분은 누구입니까? 바로 예수님이십니다. 이 은혜야말로 바로 나를 위해 지신 주님의 멍에에 내가 묶일 때 누릴 수 있는 은혜입니다.

오직 하나님만 갈망하는 마음으로

한편 이 책 전반에 흐르고 있기는 하지만 구체적으로 기술하지 못한 것이 있습니다. 그것은 바로 육적인 갈망이 죽을수록 영적인 갈망이 더욱 커진다는 사실입니다. 그 갈망이 점차 커져 때로는 주님 없이는 숨도 쉬고 싶지 않다는 마음이 들곤 합니다. 그 영적 갈망의 헐떡임이 너무 커서 꼭 심장이 터질 것만 같습니다. 그 심장으로 주님을 향해 다시 간절히 기도합니다.

"주님! 자신에게 유익하던 것을 예수 그리스도를 위하여 다 해(害)로 여기고 그분을 위하여 모든 것을 잃어버리고 배설물을 여긴, 날마다 죽음으로 예수님의 생명이 나타나게 했던 사도 바울의 마음을 나의 머리가 아닌 가슴으로 체험하게 하소서!"

겸손한 마음으로

그동안 장로로서 헤븐리터치 미니스트리(HTM)를 이끌면서 어려운 일도 있었습니다. 그중 하나는 신학(神學)을 하지 않은 평신도가 설교하거나 사역하면 자칫 회중들에게 잘못된 가르침을 줄 수도 있다고 보는 우려였습니다. 물론 충분히 공감이 갑니다. 나 역시 그런 어려움에 빠지지 않도록 끊임없이 주님을 의지하며 말씀을 더 깊이 알기 위해 애를 써왔으며, 주위 신실한 목회자 분의 조언과 충고, 때로 오해와 비난이라도 겸손하고 지혜롭게 받아들이고 적용하기 위해 노력해 왔습니다. 그러나 그럼에도 불구하고 때때로 부족했던 것이 사실입니다.

그러는 동안 하나님의 인도하심으로 마침내 아내 윤현숙 전도사가 횃불트리니티신학대학원을 마치고 독립교단에서 목사안수(2011년 4월 28일)를 받았습니다. 이제 HTM 전임목사로 사역하며 나의 부족한 성경 지식과 교단별 성경 해석의 차이와 논란의 진위 여부에 대해 서로 좀 더 정확한 의견을 나눌 수 있게 되었습니다. 마치 HTM 사역에 날개를 단 것 같은 느낌입니다.

사실 HTM 집회는 누구에게나 완전히 열려 있고, 월요말씀치유집회의 동영상은 인터넷과 TV를 통해 방영되고 있기 때문에 지금까지 감사와 격려도 많이 받아 왔고 또 한편으로 걱정 어린 여러 지적과 권면을 받아왔습니다. 물론 나를 이 길로 인도하신 분은 하나님이십니다. 하지만 아무리 생각해도 나는 부족하고 겸손하지 못하며 완전하지 않다는 사실을 너무 잘 알고 있습니다. 그렇기 때문에 늘 기도하며 다양한 조언에 귀 기울이고 주님 보시기에 합당한 모습으로 변화되기 위해 애써왔으며, 앞으로도 겸손히 노력을 기울일 것입니다.

그 노력의 일환으로 하나님의 영광을 가리거나 하나님의 임재를 인위적으로 대체하는 것처럼 보일 수 있는 것을 없앴습니다. 경배와 찬양팀의 악기를 최소화시켜 사람을 보지 않고 하나님만 바라며 찬양하도록 했고, 치유의 가능성 여부와 상관없이 어렵고 힘들어 하는 사람들을 먼저 기도해주려고 노력했으며 후원금 사용의 투명성을 알리기 위해 HTM 파트너들에게 1년에 두 차례씩 재정보고도 해왔습니다.

이 모든 노력은 오직 하나님나라의 도래와 하나님의 영광을 위한 나의 간절한 소망 때문입니다.

하나님의 기대감으로 충만하라!

나에게는 간절한 소망과 비전이 있습니다. 어떤 수고를 감당하더라도 그리스도의 영(靈)이신 "또 다른 보혜사"(요 14:16) 성령님의 현재적 역사하심을 이 땅에 증거하고 싶습니다. 성령사역을 부인하지 않더라도 누구도 온전한 성령사역에 대해 제시한 적이 없는 이 시대에 HTM의 월요말씀치유집회가 성령사역의 좋은 모델이 되고 싶은 소망이 있습니다. 교단이나 교파를 초월하여 주님 안에서 인정받는 말씀치유집회가 되고 싶습니다.

그리고 이 모델을 통해 각 교회마다 힐링룸(Healing Room)이 생기고,

그곳에서 매주 담임 목회자가 아픈 성도들을 위해 기도해주며 몸과 마음을 치유하고 회복시키는 예수님이 행하셨던 바로 그 사역을 하는 것, 이 세상을 하나님나라로 만들기 위한 킹덤빌더(kingdom builder) 훈련 프로그램이 만들어지기를 간절한 비전으로 품고 있습니다. HTM은 설립 비전대로 이 일을 원하는 교회와 목회자를 전심으로 섬기기 원합니다. 또 최근에 만들어진 D-KBS(Doctor-Kingdom Builder Society, 하나님나라를 이루는 의사들의 모임)를 통해 신유사역자와 의사들이 함께하는 치유사역에 대한 오랜 비전을 키워가고 있습니다.

  나의 꿈이 아닌 하나님의 비전을 향해 나아가는 길 위에, 이제는 나의 기대감이 아닌 나를 통해서 이루시고자 하는 하나님의 기대감으로 가득 채워짐을 느낍니다. 오직 우리 주님의 기대감이 온전히 드러날 수 있도록 끝까지 충성하는 삶이 되게 하소서!

말씀과 성령님의 만지심
헤브리터치
www.heavenlytouch.kr

HTM은 'Heavenly Touch Ministry'의 약어로 '하나님나라의 도래'와 '천국으로의 침노'를 지칭합니다. 우리는 회개함으로 구원을 받고, 우리 안에 계신 그리스도의 영으로 말미암아 하나님의 나라와 그 백성의 삶, 즉 하나님의 아름다운 덕을 나타내는 삶을 살아야 합니다. HTM은 말씀과 치유로 그 하나님나라를 경험할 수 있는 집회와 하나님나라를 세워갈 킹덤빌더들을 세우는 각종 훈련프로그램으로 교회와 성도들을 섬기는 사역단체입니다.

● HTM은 사단법인 한국독립교회 및 선교단체연합회에 소속된 선교단체입니다.

손기철 장로가 매주 인도하는
월요말씀치유집회

장소 | 선한목자교회 본당 (지하철 8호선 복정역 2번 출구)
일시 | 매주 월요일 저녁 7시

＊ HTM센터가 마련되어도 월요말씀치유집회는 선한목자교회에서 계속됩니다. 단, 천재지변이나 특별한 이유로 장소와 시간이 변경될 수도 있으니 꼭 홈페이지에서 확인하세요. 1년 중 1월과 8월은 해외 집회 관계로 집회가 없습니다.

HTM 홈페이지 안내
www.heavenlytouch.kr

HTM 홈페이지에서는 HTM의 모든 집회, 교육, 사역 안내와 손기철 장로의 말씀 영상을 볼 수 있으며, HTM 집회와 도서와 동영상 등을 통해 치유를 경험한 성도님들의 치유간증을 실시간으로 볼 수 있습니다.

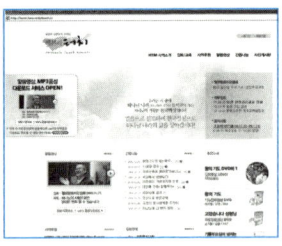

갓피플 닷컴 집회 영상,
MP3 다운로드 서비스 (유료)
htm.Godpeople.com

HTM 집회 동영상과 손기철 장로의 말씀을 언제 어디서나 듣기 원하는 분들을 위해 집회 영상, MP3 유료 다운로드 서비스를 제공합니다. PC, 개인용 동영상 플레이어(PMP), MP3 플레이어로 보고 들을 수 있습니다.

HTM센터의 모습

'HTM센터'가 당신을 기다립니다.

● 헤븐리터치미니스트리센터(HTM센터) 위치 서울시 강남구 청담동 5-25번지 휴먼스타빌 2F, 3F

HTM센터는 삶의 현장에서 모든 사람들이 하나님나라를 목도하고 침노할 수 있도록 먼저 하나님을 경배하고 각종 스쿨을 개최하며 하나님나라를 확장해나갈 터전이 될 것입니다. 이제 이 센터의 효율적인 운영과 영적 전쟁을 위한 동반자가 필요합니다.

HTM 동역을 위한 HTM 파트너를 모십니다!

하나님나라의 복음을 전하는 HTM의 비전과 사역을 위해 기도해주시고, 성령님께서 허락하신 이 공간이 잘 운영되고 활용될 수 있도록 HTM파트너가 되어주십시오!

● **HTM파트너가 되는 길은 매우 간단합니다!**
이 책의 뒷표지 사이에 첨부한 봉함엽서를 읽어보시고 'HTM파트너 작정서'(CMS신청서)를 작성하셔서 우편으로 보내주시면 됩니다(수신자 요금 부담). 전화나 팩스로 직접 신청하셔도 됩니다.

전화 02-576-0153 팩스 02-447-2039
핸드폰(사무국장) 010-2450-8681 이메일 htm0691@naver.com

● **HTM파트너가 아니더라도 일회적으로 후원하실 경우 아래의 후원계좌를 이용해주십시오.**

후원계좌 787201-04-069305 국민은행 | 헤븐리터치(후원)
HTM센터를 위해 헌금하신 분께는 연말정산(환급)용 기부금영수증을 발급해드립니다.

> "월요말씀치유집회는 선한목자교회에서 열립니다!!"

HTM센터에서는 주중의 HTM 스쿨과 기도회 등의 중소 규모 집회나 기타 센터 운영 목적에 맞는 행사들이 개최되고 있습니다. 월요말씀치유집회는 현재와 같이 선한목자교회에서 계속 열리고 있으니 착오 없으시기 바랍니다.

헤븐리터치

www.heavenlytouch.kr   GODpeople.com 검색창에 헤븐리터치 검색
twitter twitter.com/htm0691

기대합니다 성령님

초판 1쇄 발행	2011년 5월 2일
초판 9쇄 발행	2011년 6월 13일
지은이	손기철
펴낸이	여진구
책임편집	이영주
편집 1실	안수경, 박민희
편집 2실	김아진, 최지설, 오은미
기획·홍보	이한민
책임디자인	이유아, 정해림	이혜영, 전보영
해외저작권	최영오
마케팅	김상순, 강성민, 허병용, 이기쁨
마케팅지원	최태형, 최영배, 이명희
제작	조영석, 정도봉
경영지원	김혜경, 김경희
이슬비전도학교	엄취선, 전우순, 최경식
303비전성경암송학교	박정숙, 정나영, 정은혜
303비전장학회 & 303비전꿈나무장학회	여운학
펴낸곳	규장

주소 137-893 서울시 서초구 양재2동 205 규장선교센터
전화 02)578-0003 팩스 02)578-7332 이메일 kyujang@kyujang.com
홈페이지 www.kyujang.com 트위터 twitter.com/_kyujang
등록일 1978.8.14. 제1-22

ⓒ 저자와의 협약 아래 인지는 생략되었습니다.
이 출판물은 저작권법에 의해 보호를 받는 저작물이므로 무단 전재와 무단 복제할 수 없습니다.

책값 뒤표지에 있습니다.
ISBN 978-89-6097-198-1 03230

규 | 장 | 수 | 칙

1. 기도로 기획하고 기도로 제작한다.
2. 오직 그리스도의 성품을 사모하는 독자가 원하고 필요로 하는 책만을 출판한다.
3. 한 활자 한 문장에 온 정성을 쏟는다.
4. 성실과 정확을 생명으로 삼고 일한다.
5. 긍정적이며 적극적인 신앙과 신앙일치에의 안내자의 사명을 다한다.
6. 충고와 조언을 항상 감사로 경청한다.
7. 지상목표는 문서선교에 있다.

하나님을 사랑하는 자 곧 그의 뜻대로 부르심을 입은 자들에게는 모든 것이 合力하여 善을 이루느니라 (롬 8:28)

규장은 문서를 통해 복음전파와 신앙교육에 주력하는 국제적 출판사들의 협의체인 복음주의출판협회(E.C.P.A:Evangelical Christian Publishers Association)의 출판정신에 동참하는 회원(Associate Member)입니다.

헤븐리터치 ministry
Heavenly Touch Ministry
www.heavenlytouch.kr

보내는 사람

전화

☐☐☐-☐☐☐

우편요금
수취인 후납요금
발송유효기간
2010. 5. 1~2012. 4. 30
서울강남우체국
제41177호

봉함엽서

헤븐리터치 사무국 앞
서울특별시 강남구 청담동 5-25번지 홍명스타빌 2F, 3F
헤븐리터치미니스트리 HTM센터

1 3 5 - 1 0 0

HTM파트너 작정서 (CMS 신청서)

HTM파트너가 되는 길은 매우 간단합니다.
아래의 HTM파트너 신청서(CMS 신청서를 작성해 제출해주십시오. (팩스ㆍ이메일ㆍ우편 가능)

나는 HTM파트너가 되고자 합니다!

성명		성별	남 / 여
주민번호			
집전화		핸드폰	
이메일		직장	
직주소			
출석 교회			

■ 작정자와 예금주가 동일하면 주민번호를 한번만 쓰셔도 됩니다. 개인정보 누락시 정확한 입금이 어렵습니다.

제좌번호	
예금주	
예금주 주민번호	

HTM파트너 월별후원약정금

□ 1만 원   □ 2만 원   □ 3만 원   □ 5만 원
□ 10만 원   □ 20만 원   □ 기타 (   )원

본인은 위와 같이 CMS자동이체를 이용하여 HTM파트너 후원금을 납부하는 것에 동의하며, 후원금으로 납부해야 할 금액에 대해 본인이 지정한 출금계좌에서 지정출금일에 출금하는 데 동의합니다. 만일 출금금액에 이의가 있을 경우 HTM과 협의하고 금융기관에는 이의를 제기하지 않을 것임을 동의합니다. 위와 같이 CMS자동이체를 신청하였습니다.

       년   월   일

이름   (서명을 꼭 해주세요)
서명

일회적인 후원을 위해서는 아래의 후원계좌를 이용해주십시오.
- 계좌 787201-04-069305 / 국민은행 / 해든터처(후원)
- HTM센터를 위해 헌금하신 분께는 연말정산(증빙용) 기부금수증을 발급해드립니다.
- 전화 02-576-0153   팩스 02-447-2039   이메일 htm0691@naver.com

CMS(Cash Management Service) 자동이체란?

- 금융결제원과 HTM이 연결하여 후원자님의 후원금 자동납부를 도와드리는 서비스입니다.
- HTM은 금융결제원에 출금을 의뢰하는 기관입니다. 반드시 본인의 서명이 필요합니다.
- CMS출원은 본인이 해지 요청이 없으면 1년 기준으로 자동 연장됩니다.
- 이체일은 25일이며, 통장 잔액 부족인 경우 5일, 15일 재출금(예금 마이너스)에 이체되도록 했습니다.
- 개인정보나 후원금액이 변경, 또는 계좌번호가 바뀔 경우 꼭 HTM사무국으로 연락해주십시오.

HTM센터는 바로 이와 같은 지속적으로 구원해가기 위해 하나님께서 사용 도구 삼 한국분에게 이 곳 우리나라 부흥의 확장을 위해, 성령님께서 허락하신 이 공간이 잘 운영되고 활용될 수 있도록 HTM파트너가 되어주시는 주인공입니다. 하나님 나라 부흥의 확장을 위해, 성령님께서 허락하신 이 공간이 잘 운영되고 활용될 수 있도록 HTM파트너가 되어주십시오.